Christian Zielke

30 Minuten für

Partnerfindung ist kein Zufall

Bibliografische Information Der Deutschen Bibliothek

Die Deutsche Bibliothek verzeichnet diese Publikation in der Deutschen Nationalbibliografie; detaillierte bibliografische Daten sind im Internet über http://dnb.ddb.de abrufbar.

Umschlag und Layout: die imprimatur, Hainburg
Lektorat: Diethild Bansleben, Offenbach
Satz: Zerosoft, Temeswar (Rumänien)
Druck und Verarbeitung: Salzland Druck, Staßfurt

Hinweis:
Das Buch ist sorgfältig erarbeitet worden. Dennoch erfolgen alle Angaben ohne Gewähr. Weder Autor noch Verlag können für eventuelle Nachteile oder Schäden, die aus den im Buch gemachten Hinweisen resultieren, eine Haftung übernehmen.

Printed in Germany

ISBN: 978-3-89749-661-3

In 30 Minuten wissen Sie mehr!

Dieses Buch ist so konzipiert, dass Sie in kurzer Zeit prägnante und fundierte Informationen aufnehmen können. Mithilfe eines Leitsystems werden Sie durch das Buch geführt. Es erlaubt Ihnen, innerhalb Ihres persönlichen Zeitkontingents (von 10 bis 30 Minuten) das Wesentliche zu erfassen.

Kurze Lesezeit
In 30 Minuten können Sie das ganze Buch lesen. Wenn Sie weniger Zeit haben, lesen Sie gezielt nur die Stellen, die für Sie wichtige Informationen beinhalten.

- Alle wichtigen Informationen sind blau gedruckt.

- Schlüsselfragen mit Seitenverweisen zu Beginn eines jeden Kapitels erlauben eine schnelle Orientierung: Sie blättern direkt auf die Seite, die Ihre Wissenslücke schließt.

- *Zahlreiche Zusammenfassungen innerhalb der Kapitel erlauben das schnelle Querlesen. Sie sind blau gedruckt und zusätzlich durch ein Uhrsymbol gekennzeichnet, sodass sie leicht zu finden sind.*

- Ein Register erleichtert das Nachschlagen.

Inhalt

Vorwort

Jemand verspricht Ihnen, einen sicheren Weg aufzuzeigen, wie Sie in neun Monaten Ihren idealen Lebenspartner finden können? Was halten Sie davon? – Würden Sie ihm glauben?

Es gibt zwei bewährte Wege, einen Lebenspartner zu finden. Manche Menschen warten einfach ab, was ihnen das Leben bietet. Sie hoffen darauf, irgendwann einmal ihren Traumpartner zu finden, und lassen dem Erfolgsfaktor Zufall großen Raum. Sie glauben, alles wird sich ergeben, wenn die richtige Zeit dafür gekommen ist. Andere Menschen wollen nicht warten und sich überraschen lassen. Sie sind aktiv, gehen planmäßig vor und sind dabei auf ihre Weise sehr erfolgreich.

Ist Partnerfindung planbar? – Sicher: Keiner kann ein Versprechen geben, dass Sie an einem bestimmten Tag zu einer bestimmten Uhrzeit Ihren idealen Lebenspartner finden werden. Jedoch: Es gibt allgemeine Prinzipien und Wege, die es Ihnen erleichtern, in absehbarer Zeit genügend Gelegenheiten zu schaffen. So wird es wahrscheinlicher, dass Sie Ihrem idealen Partner begegnen werden.

So finden zum Beispiel auch Personalmanager oft innerhalb von wenigen Monaten den richtigen Mitarbeiter für ein Unternehmen. Manche Personalberater bieten sogar eine Erfolgsgarantie an und verpflichten sich zur kostenlosen Neubesetzung, falls der Kandidat die Probezeit nicht bestehen sollte.

Wissenschaftliche Untersuchungen über die Strategien der Partnerfindung haben ergeben, dass auch die Menschen, die sich eher durch ihre Intuition leiten lassen, unbewusst bei der Partnerwahl genauso vorgehen, wie es Personalmanager bewusst tun, um langfristig den idealen Kandidaten für ein Unternehmen zu finden. – Nach welchen Prinzipien gehen Personalmanager vor? – Welche Methoden lassen sich auf die Partnerfindung übertragen? – Was bietet Ihnen ein 30-Minuten-Buch für die Partnerfindung?

In diesem Buch erfahren Sie unter anderem:

- Welche wichtigen Vorüberlegungen Sie anstellen können, um die Zeit der Partnerfindung zu verkürzen
- Was Sie über die klassischen Wege der Partnerfindung wissen sollten und warum diese nicht immer erfolgversprechend sind
- Wie Sie wirkungsvoll Kontakt aufnehmen und halten
- Woran Sie Ihren idealen Partner erkennen können
- Wie Sie den charmanten Rückzug gestalten
- Was die Erfolgsformel 20 mal 2 bedeutet
- Wie Ihr individuelles Erfolgskonzept aussieht

Lesen Sie dieses Buch und entscheiden Sie danach, welche Methoden Sie anwenden möchten, damit Partnerfindung für Sie kein Zufall mehr ist.

Mit herzlichen Grüßen aus Wettenberg
Prof. Dr. Christian Zielke

1. Wichtige Vorüberlegungen

Um einen Zufall herbeizuführen, bedarf es vieler Vorbereitungen. Wie bereiten sich Personalmanager darauf vor, in kurzer Zeit den idealen Mitarbeiter zu finden? – Was können wir daraus lernen? – Welche Vorüberlegungen sind wichtig, damit die richtige Partnerfindung nicht dem Zufall überlassen bleibt?

1.1 Wie bereiten sich Personalmanager vor?

Personalmanager gehen nicht unvorbereitet auf die Suche. Jeder Schritt ist wohl überlegt. Je mehr sie sich der Vorbereitung widmen, desto schneller gelingt ihnen der spätere Erfolg.
Stellen Sie sich einmal vor, Sie hätten die Aufgabe, in kurzer Zeit für ein Unternehmen eine geeignete Führungskraft zu finden. Über welche Eigenschaften und Fähigkeiten müssten Sie verfügen? Woran müssten Sie glauben und was könnte Ihnen dabei helfen?

1.1.1 An das Mögliche glauben

„Ich möchte gerne daran glauben, dass es einfach ist, einen passenden Lebenspartner zu finden", wünschen sich viele. „Aber meine Lebenserfahrung sagt mir etwas anderes", erwidern sie. „Ich habe immer Pech. Mich will ja keiner" oder „Ich bin nicht attraktiv genug". „Ich gerate immer an die falsche Person" lauten einige der typischen Entschuldigungen, die Menschen davon abhalten können, an das Mögliche zu glauben.

Erfahrene Personalmanager haben auch Enttäuschungen hinter sich. Jedoch kümmern sie sich nicht so sehr um vergangene Niederlagen. Ihr Denken ist in die Zukunft gerichtet. Sie interessieren sich nicht für Problemstellungen, sondern ausschließlich für Problemlösungen. Die Frage „Warum ist es mir nicht möglich?“ stellt sich für sie nicht. Sie fragen sich: „Was muss ich tun, damit es möglich wird?“ – Dadurch erhalten sie andere Antworten, die ihnen helfen, das Mögliche zu erreichen.
Selbst wenn Sie bei der Partnerfindung negative Erfahrungen gemacht haben, bedeutet das noch nicht, dass dies auch für alle zukünftigen Tage so sein muss. – Können Sie in die Zukunft sehen? – Woher wissen Sie, dass Sie sich dabei nicht täuschen?
Gehen Sie einmal mit offenen Augen durch Ihre Stadt. Dort sehen Sie dicke, hässliche und unattraktive Menschen, die Hand in Hand mit ihrem Traumpartner durch die Straßen schlendern. – Wie haben sich diese Pärchen gefunden? Woran haben sie geglaubt? – Fragen Sie diese Pärchen einmal nach ihren Glaubenssätzen. Hier und da werden Sie folgende Antworten erhalten: „Wo ein Wille ist, ist auch ein Weg!“ oder „Auf jeden Pott passt ein Deckel“

1.1.2 Zeit und Geld investieren

Ohne zeitliche und geldliche Investitionen erreicht auch ein Personalmanager keine Ergebnisse.
Gute Personalberater versprechen dem Auftraggeber, bereits in drei Monaten die ersten Kandidaten vorzustellen. In dieser Zeit beschäftigen sie sich täglich zehn bis zwölf Stunden lang damit, geeignete Bewerber aus-

findig zu machen. Parallel zu diesem Suchauftrag arbeitet ein Personalberater an weiteren drei bis vier Suchprojekten.

In zeitlicher Hinsicht kann die Partnerfindung für Sie zum Fulltime-Job werden. Mindestens eine Stunde pro Tag sollten Sie sich mit dem Thema beschäftigen. Nutzen Sie zwei Abende in der Woche für konkrete Aktionen wie zum Beispiel Ausgehen und Menschen treffen, die vielleicht zu Ihrem idealen Partner werden könnten.

In finanzieller Hinsicht kann die Besetzung einer Führungsposition das Unternehmen bis zu 30 Prozent des Jahresgehaltes der Führungskraft kosten. Den Einnahmen des Personalberaters stehen natürlich auch Ausgaben gegenüber: zum Beispiel für die Büromiete, Personalkosten für Sekretariat und Assistenten, Telefonkosten sowie Reiseaufwendungen.

Bei der Partnerfindung können Sie eine Dreiteilung der Kosten vornehmen: Ein Kostenblock fällt schon vor dem Aktivwerden an. Soweit noch nicht vorhanden zählen hierzu unter anderem die Kosten für einen Computer mit E-Mail-Anschluss sowie das Geld für gute Kleidung und ein ansprechendes Outfit. – Während der Partnerfindung entstehen Kosten für das Ausgehen, die Clubs und Mitgliedschaften und einen guten Friseur. Nach der Partnerfindung fallen Kosten für die Partnerbindung an, wie zum Beispiel Aufwendungen, die nötig sind, um für den Partner attraktiv zu bleiben.

Checkliste: Kosten für die Partnerfindung

Geld	Einmalige Kosten	Wohnung (Notwendige Schönheitsreparaturen)
		Kleidung (Inventur des Kleiderschranks)
		Kommunikationsmittel (PC, E-Mail-Konto, Fax, Handy)
	Laufende Kosten	Outfit (Friseur / Kosmetik)
		Ausgehen (Kultur / Veranstaltungen)
		Gesundheit (Fitness-/Sport-Club, Nahrungsergänzung)
		Kontakte (Anzeigen, Mitgliedschaften bei Single-Börsen)
Zeit	Eine Stunde am Tag Zwei Abende in der Woche	

Was sind Sie bereit zu investieren? Wie hoch ist Ihr Einsatz? – Je mehr Sie investieren, umso größer und schneller sind die Gewinnmöglichkeiten.

1.1.3 Geschickt kooperieren

Personalberater treten nach außen hin zwar als Einzelkämpfer auf, im Hintergrund arbeiten sie aber mit einem erfolgreichen Team. Neben einem Sekretariat beschäftigen sie in der Regel ein kleines Expertenteam, das sich auf die Identifizierung potentieller Kandidaten spezialisiert hat. Dieses forscht nach, in welchen Branchen und Unternehmen der gesuchte Wunschkandidat zu finden ist. Oftmals sind sie es, die die erste telefonische Kontaktaufnahme übernehmen.

Ergänzend zu dem „Research-Team“ nutzt der Personalberater sehr geschickt die Kontakte seines Netzwerkes. In der Regel ist er Mitglied ausgewählter Clubs, Vereine und Verbände. Er kennt viele Ent-

scheidungsträger, die ihrerseits mehrere Menschen kennen, die für die ausgeschriebene Position interessant sein könnten. Regelmäßig hält der Headhunter seine Adresskartei auf aktuellem Stand und bereichert sie wöchentlich um mindestens fünf neue Kontakte.
Für die Partnerfindung bedeutet dies, dass Ihre Erfolgschancen am größten sind, wenn Sie um sich herum ein unterstützendes Team aufbauen. – Wen kennen Sie, der Sie bei der Suche nach Ihrem Wunschpartner unterstützen könnte? Wer sollte zusätzlich in Ihrem Team sein? Welche Hilfe benötigen Sie? – Was Sie bei der geschickten Kooperation beachten sollten und wie Sie dabei am besten vorgehen, ist eine Frage des strategischen Denkens.

1.1.4 Strategisch vorgehen

Ein wesentlicher Erfolgsfaktor der schnellen Kandidatenfindung besteht in dem strategischen Denken der Personalberater. Den gesamten Suchprozess strukturieren sie in einzelne aufeinander folgende Phasen, die nacheinander logischerweise zum Ziel führen:
Strategische Meilensteine bei der Stellenbesetzung:

1. Festlegung eines Anforderungsprofils hinsichtlich der erwarteten Qualifikationen und Kompetenzen
2. Identifikation potentieller Kandidaten
3. Direktansprache oder anzeigengestützte Suche
4. Erste Interviews
5. Unterstützende Testverfahren
6. Einholung von Referenzen
7. Auswahl des besten Kandidaten

In jeder Phase gibt es bestimmte Erfolgsprinzipien, die gewährleisten, dass auch ein mittelmäßig begabter Personalberater bereits nach kurzer Zeit wesentliche Fortschritte erzielt.
Viele Menschen suchen ihren Traumpartner ziellos wie eine Nadel im Heuhaufen, ohne zu wissen, wo sie anfangen oder aufhören sollen. Manche ersticken im blinden Aktionismus. Eine Kontaktanzeige folgt der anderen, ein Dating-Treff dem nächsten, ohne dass sie auch nur einen Schritt dem eigentlichen Ziel näher gekommen sind.
Mit einer einfachen, auf die Partnerfindung abgestimmten Strategie gelingt es relativ leicht, sich schrittweise seinem Wunschpartner zu nähern.
Zuerst kommt das Anforderungsprofil. Ohne eine konkrete Vorstellung von dem idealen Kandidaten übernimmt der Personalberater keinen Suchauftrag. – Über welche Qualifikationen, Kenntnisse und Erfahrungen sollte der Kandidat verfügen, um die Stellenanforderungen optimal zu erfüllen? – So sollten auch Sie sich zuerst ein konkretes Bild von Ihrem Wunschpartner machen.
Leider träumen sehr viele Menschen von einem Partner, den sie im Leben nie treffen werden. Entweder ist diese Person nur ein Wunschtraum, den es nicht gibt, oder aber der betreffende Mensch möchte nicht mit Ihnen leben, weil Sie seinen Anforderungen nicht entsprechen. Sie können sich zwar anstrengen, seinen Vorstellungen zu entsprechen. Doch wenn Sie sich immer anpassen müssen, was Sie eigentlich nicht wollen, haben Sie es schwer.
Machen Sie es sich einfach: Konzentrieren Sie sich auf einen Partner, der zu Ihnen passt wie der Schlüssel zu Ihrer Haustür.

1.2 Welcher Schlüssel passt zu Ihrer Tür?

Das Geheimnis einer erfolgreichen Partnerfindung besteht darin, sich auf eine Person zu konzentrieren, die optimal zu Ihrer Persönlichkeit passt.
Viele definieren ihren Traumpartner nach rein äußerlichen Kriterien, wie zum Beispiel Alter, Gewicht, Größe und Figur. Manche haben eine konkrete Vorstellung von der gewünschten Augen- und Haarfarbe. Andere schließen von dem allgemeinen Erscheinungsbild auf die Attraktivität des Partners: ist seine Kleidung modern/aktuell, sportlich, individuell, klassisch, lässig oder alternativ.
Das äußere Erscheinungsbild kann jedoch täuschen. Die Personalmanager achten daher mehr auf die inneren Wesenszüge des Bewerbers. Die Frage, ob der Kandidat langfristig zu dem Unternehmen passen wird, entscheidet sich an anderen Merkmalen, zum Beispiel: Welche Eigenarten gefährden auf Dauer eine vertrauensvolle Zusammenarbeit? Welche Gewohnheiten, Einstellungen und Verhaltensweisen stehen so sehr im Widerspruch, dass es schnell zu einer Trennung kommen kann?
Bei der Partnerfindung gibt es viele wichtige Kriterien, die es Ihnen erleichtern, sich schnell auf die richtige Personengruppe zu konzentrieren. Mögliche Ausschlussmerkmale könnten sein:

1.2.1 Grundsätzliche Lebenseinstellungen

Mit Partnern, die eine konträre Einstellung zu Ihrer Lebensphilosophie haben, werden Sie nicht viel Spaß haben, es sei denn, Sie lieben den Gegensatz.
Wie wichtig ist Ihnen zum Beispiel die Religion? Sind

Sie gläubig? Sollte der Wunschpartner unbedingt evangelisch, katholisch, jüdisch, buddhistisch, hinduistisch oder gar ein Moslem sein? Oder ist Ihnen die Religion egal?

Welche Vorstellungen haben Sie von einer Partnerschaft? Sollten zwei, die sich lieben, auch heiraten? Meinen Sie, dass derjenige, der Kinder haben will, sich auch später trauen lassen sollte? Möchten Sie auf alle Fälle eine kirchliche Trauung haben oder genügt Ihnen auch nur eine standesamtliche? Würden Sie dabei auch die Wünsche Ihres Partners berücksichtigen?

Welchen Stellenwert hat die Sexualität in Ihrem Leben? Sehr wichtig, weniger wichtig oder nicht so wichtig? Welche Einstellung sollte hierzu Ihr Partner haben? Ist sexuelle Treue für Sie in der Partnerschaft unabdingbar? Reicht es aus, sich zu bemühen, immer treu zu bleiben? Ist es Ihnen wichtiger, im Herzen treu zu bleiben, oder meinen Sie, Treue sei bürgerliches Besitzdenken?

Wie groß ist Ihr Kinderwunsch? Möchten Sie gerne gemeinsame Kinder haben? Ist es Ihnen wichtig, dass Ihr Traumpartner Kinder aus einer früheren Beziehung hat? Wie alt sind die Kinder? Leben Sie noch im Haushalt? Möchten Sie sich hierfür verantwortlich fühlen?

1.2.2 Äußere Lebensbedingungen

Welche Lebensbedingungen sollte Ihnen der Wunschpartner bieten können? Kann er arbeitsuchend sein, in Ausbildung oder Studium? Suchen Sie einen Hausmann oder eine Hausfrau? Welchen Beruf sollte Ihr Wunschpartner ausüben? Über welche finanziellen

Mittel sollte er verfügen? Wie hoch sollte sein Jahreseinkommen sein? Wie viel Stunden wöchentlicher Arbeitszeit tolerieren Sie?
Sofern Sie ein ausgeprägtes Klassenbewusstsein haben und Sie mit der Wahl Ihres Partners in eine andere „Klasse“ auf- oder absteigen wollen, sollten Sie etwas über die soziologischen Unterschiede wissen, die in den jeweiligen Gruppen herrschen.
Soziologen unterscheiden dabei die oberste, obere, mittlere und untere Klasse.
Zu der obersten Klasse zählen zum Beispiel Eigentümer großer Vermögen, Arbeitgeber, Modeärzte, Staranwälte oder Modearchitekten. Sie kleiden sich in der Regel sehr einfach, unauffällig und teuer. Die Eheschließung erfolgt meist später, wobei beide Partner möglichst aus vermögenden Familien stammen sollten. Nach der Heirat ist es erwünscht, dass die Frau nicht berufstätig ist.
In der oberen Klasse finden sich zum Beispiel Geschäftsführer, Direktoren, Ärzte, Rechtsanwälte, hohe Beamte und Wirtschaftsführer. Im geschäftlichen Leben sind sie konservativ und sehr korrekt gekleidet, privat eher gediegen und prestigebewusst. Der Partner sollte repräsentieren können. Männer bevorzugen eine karrierbewusste Frau aus Akademikerkreisen.
Ingenieure, Chemiker, mittleres Management und mittlere Beamte werden zu der mittleren Klasse gezählt. Sie kleiden sich modebewusst, im Geschäft eher leger, in der Freizeit meist preiswert, aber neu. Die Ehe ist eine Herzenssache. Soweit man es sich leisten kann, ist die Frau nur bis zu der Geburt der Kinder berufstätig.

Zu der unteren Klasse zählen die Berufe wie Facharbeiter, Meister, Vorarbeiter, Schreibkräfte und „kleinere“ Angestellte. Sie haben eine Vorliebe für Modefarben und sind in der Regel schon sehr früh verheiratet. Die Frau ist berufstätig, auch wenn sie schon Mutter ist.
Fragen Sie sich: In welcher gesellschaftlichen Klasse fühlen Sie sich am wohlsten? Möchten Sie einen Auf- oder Abstieg wagen?

1.2.3 Wichtige Interessen und Hobbys

Wo verbringen Sie gerne Ihre Freizeit? In den eigenen vier Wänden, lieber in der freien Natur oder gar in geselliger Runde? Mit was beschäftigen Sie sich in der Freizeit: lesen, fernsehen und einfach nur ausruhen und entspannen? Gehen Sie gerne aus, ins Kino oder Theater? Treffen Sie Freunde? Spielen Sie Karten oder Gesellschaftsspiele? Beschäftigen Sie sich mit Ihrem PC oder betreiben Sie Vereinsarbeit?
Worin liegen Ihre Interessen? Im Sport, in der Fotografie, Literatur, Architektur, Kunst, Geschichte, im Schreinern/Handwerken oder Handarbeiten?
Wie ist es mit Sport? Wie oder wann treiben Sie Sport? Allein, mit einem Freund, in einer Gruppe, in einem Club oder Verein? Mögen Sie Tennis, Tischtennis, Badminton, Fußball, Hockey, Handball, Volleyball, Basketball, Schwimmen, Tauchen, Segeln, Surfen, Rudern, Fitness, Joggen, Leichtathletik, Inlineskaten, Wandern/Trecking oder Bowling? Und: Wie oft betätigen Sie sich sportlich: täglich, mehrmals in der Woche, einige Male im Monat oder seltener?
Mögen Sie Musik? Musicals/Operetten, Opern, Jazz,

Rock/Pop, Symphoniekonzerte, Heavy Metal, Kammermusik, Reggae, Volksmusik, Hip-Hop, Schlager, Techno, Chansons/Lieder oder Ethno? – Spielen Sie ein Instrument? Erwarten Sie dies auch von Ihrem Wunschpartner?
Gehen Sie gerne spazieren? Kurze oder lange Spaziergänge? Ganz spontan, gut überlegt oder perfekt organisiert?
Welche Art des Urlaubs bevorzugen Sie: Badeurlaub, Erholungsurlaub, zu Hause, am Meer, in den Bergen, Studienreisen, Kuren, Schiffsreisen, Camping, Abenteuerurlaub, Wander-/Trekkingurlaub, Cluburlaub, Städtereisen, Schönheits-/Wellness-Urlaub.
Planen Sie den Urlaub möglichst wenig und am liebsten ins Blaue oder sehr sorgfältig und möglichst frühzeitig?

1.2.4 Ihre besonderen Gewohnheiten

Wie sollte der Partner idealerweise sein? Ein Morgen- oder Abendmensch? Raucher oder Nichtraucher? In welchem Maße tolerieren Sie Alkohol: zu den Mahlzeiten, in Gesellschaft oder zur Entspannung?
Legen Sie Wert auf gutes Essen oder dient das Essen nur der Nahrungsaufnahme? Nehmen Sie regelmäßig und zu festen Zeiten Mahlzeiten ein oder sind Ihnen geregelte Mahlzeiten nicht wichtig? – Kochen Sie gern oder nur, wenn es sein muss? Fragen Sie sich: Was ist Ihnen wichtig!
Welche Eigenschaften sollte Ihr Wunschpartner haben? – Kreuzen Sie alle Eigenschaften an, die Ihnen wichtig erscheinen, und ergänzen Sie weitere Punkte, die für Sie wichtig sind.

❒ ernsthaft	❒ sportlich	❒ ausgeglichen	❒ warmherzig
❒ heiter	❒ strebsam	❒ anpassungsfähig	❒ gebildet
❒ humorvoll	❒ kinderlieb	❒ zärtlich	❒ aus gutem Hause
❒ unkompliziert	❒ charaktervoll	❒ temperamentvoll	❒ nachdenklich
❒ natürlich	❒ gut aussehend	❒ zurückhaltend	❒ unabhängig
❒ sparsam	❒ großzügig	❒ fleißig	❒ spontan
❒ naturverbunden	❒ selbstbewusst	❒ optimistisch	❒ karrierebewusst
❒ …	❒ …	❒ …	❒ …

1.2.5 Und welche Werte haben Sie?

Noch wichtiger als die Eigenschaften eines Menschen können seine Werte sein. Die Werte eines Menschen sind ein bedeutender Entscheidungskompass. Erfahrene Personalmanager und Psychologen behaupten sogar, dass sie das Verhalten eines Mitarbeiters vorausberechnen können, wenn sie um seine Werte wissen.

Die Werte Ihres Wunschpartners sollten sich gegenseitig ergänzen und nicht behindern. Dies könnte der Fall sein, wenn Sie mit Ihrem Partner einen Badeurlaub verbringen und Sie großen Wert auf Harmonie und Ruhe legen, während für Ihren Partner besonders Ehrgeiz, Leistung und Wettbewerb wichtig sind. Während Sie gemütlich im Liegestuhl am Strand einen Roman lesen, spielt Ihr Partner gegen andere Urlauber nach Punkten Beachvolleyball. Leider verliert er jedes Spiel. Na, können Sie sich die harmonische Stimmung beim Abendessen vorstellen?

Während des Urlaubs in Kenia: Sie möchten gerne Freiheit, Abwechslung und Abenteuer genießen. Im Hotel wird ein Ausflug angeboten, bei dem Sie in einer kleinen einheimischen Sportmaschine über die Savanne fliegen, mit dem Fallschirm abspringen und danach zu Fuß durch den Wildpark marschieren. Können Sie schon jetzt die Ängste in den Augen Ihres Partners sehen, der aus großem Sicherheitsbedürfnis heraus noch nicht einmal die bewachte Hotelanlage verlässt, geschweige denn mit Ihnen so einen Urlaub verbringen möchte?
Welche Werte sind Ihnen wichtig und worauf sollte Ihr Wunschpartner auf keinen Fall Wert legen, damit Sie nicht in einen ständigen inneren Konflikt mit Ihren eigenen Werten geraten?

❒ Leistung	❒ Wettbewerb	❒ Aufstieg	❒ Macht
❒ Ruhm	❒ Integrität	❒ Verantwortung	❒ Ordnung
❒ Loyalität	❒ Sicherheit	❒ Wohlstand	❒ Vergnügen
❒ Freiheit	❒ Abenteuer	❒ Freundschaft	❒ Anerkennung
❒ Familienglück	❒ Innere Harmonie	❒ Gesundheit	❒ Selbstachtung
❒ Selbstverwirklichung	❒ Weisheit	❒ Religion	❒ …
❒ …	❒ …	❒ …	❒ …

1.2.6 Was sind Ihre Prioritäten?

Aus diesen wünschenswerten Anforderungen erstellt der Personalmanager für die Kandidatensuche ein Anforderungsdiagramm. Jedes Kriterium wird nach einer Punkteskala gewichtet.
Übertragen Sie die gewünschten Eigenschaften in eine Bewertungstabelle und nehmen Sie eine Gewichtung vor.

Gewünschte Eigenschaften und Werte	1 Muss	2 Soll	3 Kann

Welche Gewichtung haben Sie vorgenommen? – Wie oft haben Sie die Priorität 1 als Muss-Kriterium angekreuzt? Suchen Sie eine eierlegende Wollmilchsau oder einen Partner, dem Sie realistischerweise vor Ihrer Haustür begegnen können?
Erfahrene Personalmanager achten auf eine sparsame Gewichtung der gewünschten Anforderungen. Um eine Übersicht zu behalten, werden in der Regel nur fünf Kriterien als unabdingbar gewichtet. Dann folgen die weniger wichtigen, aber wünschenswerten Erfordernisse. Anhand des genau festgelegten Suchprofils werden alle potentiellen Kandidaten nach ihrer Eignung gewichtet. Für jedes Kriterium gibt der Headhunter während der Vorstellungsgespräche eine

Benotung ab. Für Auftraggeber mit einem stark technisch orientierten Denken kann der Personalberater dann sogar mathematisch ausrechnen, welcher Bewerber mit welcher Prozentzahl am ehesten mit den Vorstellungen des Unternehmens übereinstimmt.
Bei der Partnerfindung können auch Sie sich eine zusammenfassende Liste erstellen mit den weiteren wichtigsten Unterscheidungsmerkmalen:

		Bemerkungen:
Grundsätzliche Lebenseinstellungen	Lebensphilosophie	
	Religion	
	Einstellung zur Partnerschaft	
	Kinderwunsch	
	Sexualität und Treue	
Äußere Lebensbedingungen	Ausbildung und Beruf	
	Finanzielle Mittel	
	Wöchentliche Arbeitszeit	
	Gesellschaftlicher Status	
Wichtige Interessen und Hobbys	Freizeitgestaltung	
	Interessen	
	Sport	
	Musik	
	Urlaub	
Besondere Gewohnheiten	Morgen- oder Abendmensch	
	Raucher oder Nichtraucher	
	Alkohol	
	Einstellung zum Essen	
Sonstiges	....	
	....	

Je nachdem, wie Sie Ihre Unterscheidungsmerkmale bestimmt haben, wissen Sie jetzt, nach welcher Zielgruppe Sie Ausschau halten müssen: nach der kinderlieben, fleißigen Hausfrau mit viel Sexappeal und Verständnis für den arbeitenden Mann oder nach dem jungen Akademiker aus reichem Elternhaus, der in der Südsee segelt und Musik macht, oder aber nach der ehrgeizigen Golferin mit einem 60-stündigen Büroalltag, die gerne ins Theater geht und am Wochenende faulenzt.

Damit haben Sie die erste Vorbereitungsphase für eine erfolgreiche Partnersuche bereits abgeschlossen. Sie wissen, welche Anforderungen Sie an den Wunschkandidaten stellen und wie Sie ihn von anderen Menschen unterscheiden können.
Sollten Sie zu den Menschen zählen, die das Glück haben, jung, attraktiv und vermögend zu sein, können Sie schon jetzt mit der Partnerfindung beginnen. Für alle anderen, die keine „Monopolstellung" innehaben, empfiehlt sich ein weiterer Vorbereitungsschritt:

1.3 Warum sollte man sich in Sie verlieben?

Ein Personalberater wird dafür bezahlt, dass er gezielt Manager von konkurrierenden Unternehmen abwirbt, die oft gar nicht wechselwillig sind. Dennoch gelingt es dem Headhunter meist, die Zielpersonen für seinen Auftraggeber zu gewinnen.
Welches Angebot könnten Sie dem potentiellen Kandidaten unterbreiten? Was ist so attraktiv, dass sich Ihr Wunschpartner in Sie verliebt?

Wenn Sie Ihrem Traumpartner persönlich schon begegnet sind, haben Sie es leicht. Sie können ihn direkt danach fragen, was ihm gefällt. In einem zweiten Schritt überlegen Sie sich, ob Sie ihm das, was er haben möchte, auch bieten wollen und können. – Wissen Sie hingegen noch nicht, was Ihr potentieller Wunschpartner an Ihnen liebenswürdig finden wird, ist es etwas schwieriger. Sie können raten und sich dabei verschätzen. Sie können aber auch einfach nur das tun, was erfolgreiche Menschen tun:

1.3.1 Ihre Stärken herausstellen

Worin liegen Ihre Stärken? Was können Sie besser als alle anderen? Worin unterscheiden Sie sich von Ihren Freunden und Bekannten?

Für viele Menschen ist die Frage nach den eigenen Stärken eine ungewohnte Frage. Sicher haben auch Sie die Erfahrung gemacht: Schon während der Schulzeit lernen Sie sehr schnell, worin Ihre Schwächen liegen. Unter der Klassenarbeit stehen der Fehlerzahl und in roter Schrift wird, für jeden sofort erkenntlich, das angestrichen, was nach Meinung des Lehrers falsch ist. Die fünf Fehler im Diktat könnte man auch in grüner Schrift mit der Anmerkung „95 Prozent richtig“ bewerten. Sie sehen: Der Sachverhalt ist der gleiche, aber die Sichtweise und die damit verbundene Motivation eine andere.

Worin waren Sie nach Ansicht der Lehrer gut in der Schule? Vergleichen Sie doch einmal Ihre Zeugnisnoten in den einzelnen Unterrichtsfächern:

Welche besonderen Begabungen und Schwerpunkte können Sie feststellen? – Sind Sie eher naturwissen-

schaftlich und mathematisch veranlagt oder gilt Ihr Interesse mehr den Sprachen oder gesellschaftlichen Themen?
Listen Sie einmal Ihre besonderen Stärken auf:

Was sind Ihre Hobbys und Interessen?	
Womit verbringen Sie am liebsten Ihre Zeit?	
Auf was können Sie besonders stolz sein?	
Worin haben Sie bisher besondere Leistungen erbracht?	

Falls es Ihnen schwerfallen sollte, diese Liste auszufüllen, fragen Sie einfach Ihre Familie, Ihre Freunde und Bekannten. Sie werden staunen: Manchmal sehen andere Stärken in Ihnen, derer Sie sich vorher noch gar nicht so bewusst waren.
Nachdem Sie nun einen ersten Eindruck davon gewonnen haben, worin Ihre Stärken liegen, drängt sich die Frage auf, was Sie mit Ihren Schwächen machen. Streng genommen gibt es weder Stärken noch Schwächen. Alles ist eine Frage der Betrachtung. Sobald eine Eigenschaft ins Extreme geht, verkehrt sie sich schnell in ihr Gegenteil. Aus Ehrgeiz kann schnell Verbissenheit werden, aus Genialität leicht Wahnsinn. Jede Stärke kann eine Schwäche werden und aus jeder Schwäche eine Stärke wachsen.

1.3.2 Ihre Schwächen akzeptieren

Die Attraktivität und das Charisma eines Menschen ist umso stärker, je mehr er sich auf seine Stärken konzen-

triert und seine Schwächen annimmt. Fragen Sie sich: Mag ich mich?
Machen Sie dazu einmal folgendes Experiment: Blicken Sie in den Spiegel, lächeln Sie sich zu, klopfen Sie sich auf die Schulter und sagen Sie: „Schön, dass es dich gibt. Das Leben mit dir macht Spaß. Ich liebe dich!" – Sollten Sie bei dieser Übung ein komisches Gefühl spüren und sich schlecht dabei fühlen, spricht dies für ein noch entwicklungsfähiges Selbstbewusstsein, das Sie schnell stärken können, wenn Sie es möchten.
Menschen, die wenig Eigenliebe empfinden, empfehlen Psychologen folgende Übung, bei der sie erstaunliche Erfahrungen machen können: Legen Sie doch einmal Ihre rechte Hand an Ihr Herz, sodass Sie den Herzschlag spüren können. – Was empfinden Sie? – Wiederholen Sie diese Übung. Je öfter Sie diese Übung machen und je angenehmer Sie sich dabei fühlen, umso mehr hilft es Ihnen, sich so anzunehmen, wie Sie sind. Warum sollten es nicht Ihre Schwächen sein, die Sie liebenswürdig machen? Die Gründe, warum man Sie lieben sollte, können sehr verschieden sein. Frisch verliebte Pärchen, denen man die Frage stellt, was sie an ihrem Partner lieben, geben hierauf oft verblüffende Antworten: „Seine Glatze" oder „Ihre Lachfalten" und „Seine Dusseligkeit". Lassen Sie sich überraschen, was der andere besonders gerne an Ihnen mögen wird. Jedoch, eins ist gewiss: Solange Sie sich selber nicht lieben, liebt Sie keiner.

1.3.3 Ihre Einmaligkeit finden

In der Summe und Kombination Ihrer Stärken und Interessen sind Sie einmalig auf der Welt. Es gilt, Ihre Einmaligkeit zu finden und zu ihr zu stehen.

„Anders sein als die anderen“ ist ein bewährter Marketinggrundsatz. Die Werbespezialisten versuchen das Alleinstellungsmerkmal eines Unternehmens herauszufinden, damit es sich gegenüber der Konkurrenz abgrenzen kann. Mit der sogenannten „Unique Selling Position“ verspricht man sich einen Wettbewerbsvorteil, der so dargestellt wird, dass sich andere davon angezogen fühlen.
Worin liegt Ihre Einmaligkeit? Wie lautet die Kombination zu Ihrem Safe? Welche Eigenschaften zeichnen Sie aus?

Wie würden Sie sich charakterisieren?	
Wie würden Ihre Freunde und Bekannten Sie beschreiben?	

Sie besitzen einzigartige Begabungen und Talente, um die Sie viele Menschen beneiden. Niemand kann das, was Sie tun können, genau so tun, wie Sie es tun. Niemand weiß das, was Sie wissen. Und niemand hat die gleiche Persönlichkeit wie Sie. Diese Einmaligkeit macht Sie für viele potentielle Wunschpartner interessant. Darin liegt Ihre Attraktivität, die Sie auch nach außen hin präsentieren sollten.

1.4 Wie positionieren Sie sich?

Ein Personalberater wird das Angebot für eine offene Position dezent und unauffällig präsentieren. Er möchte nicht, dass die Stellenvakanz überall bekannt wird. Dadurch würde das Angebot an Wert verlieren.

Bei der Partnerfindung sollten Sie nicht zu aufdringlich und ungeduldig wirken. Damit verschlechtern Sie Ihre Marktposition. Wer sofort zeigt, dass er einen dringenden Bedarf hat, erweckt schnell den Eindruck, dass er „preiswert“ zu haben ist. Deshalb sollten Sie sich Ihrer Wirkung auf andere bewusst sein.

1.4.1 Wie wirken Sie?

Die Art und Weise, wie Sie auf andere Personen wirken, beruht auf verschiedenen Wirkungsfaktoren. Psychologen haben herausgefunden, dass die Wirkungsweise eines Menschen abhängig ist von dem Einsatz seiner Körpersprache, der Tongebung seiner Stimme und dem Inhalt seiner Äußerungen. Dabei beruht die Ausstrahlung eines Menschen

- zu 7 Prozent auf dem Inhalt seiner Äußerungen,
- zu 38 Prozent auf der Wirkung seiner Stimme und
- zu 55 Prozent auf der Ausdrucksweise seines Körpers.

Was schließen Sie daraus? Legen Sie besonderen Wert auf Ihre Körpersprache und Ihre Stimme.

Zur Körpersprache gehört nicht nur Ihr äußeres Erscheinungsbild in Form Ihrer Kleidung und Körperpflege, sondern auch wie Sie Ihre Gestik und Mimik einsetzen, wie Sie Ihre Arme und Beine bewegen und welche Körperhaltung Sie bevorzugen.

Nehmen Sie einmal Ihre Stimme auf und lassen Sie sich überraschen, wie es sich anhört, wenn Sie sich selber zuhören. Mögen Sie Ihre Stimme?

Optimieren Sie die Wirkung Ihrer Stimme durch gezielte Sprech- und Stimmübungen.

1.4.2 Auf wen wirken Sie?

Ihr Auftreten und Ihre Wirkung brauchen Sie nicht zu verbessern, wenn Sie von sich aus schon bestimmte Personentypen ansprechen, die Sie interessieren.
Vielleicht haben Sie schon bemerkt, dass sich gewisse Personentypen von Ihnen angezogen fühlen. Oft sind es diejenigen, die von sich aus die Initiative ergreifen und auf Sie zugehen. Menschen, die sich in Ihrer Gegenwart wohl fühlen und die deshalb auch immer wieder Ihre Nähe suchen. Fragen Sie sich: Welche Menschen ziehen Sie an? Auf welche Personen wirken Sie besonders? Befindet sich in dieser Personengruppe eventuell schon Ihr Traumtyp? Wenn dem so ist, dann haben Sie leichtes Spiel.
Doch was unternehmen Sie, wenn Ihr Wunschkandidat nicht zu Ihrer jetzigen Fangemeinde gehört? Was sollten Sie beachten, um Ihre Wirkungsweise im Hinblick auf Ihre Zielperson zu verbessern?
In der Regel ziehen Sie Menschen an, die Ähnlichkeit mit Ihnen haben. Wenn Sie traurig und deprimiert sind, werden Sie keine positive Wirkung auf glückliche und fröhliche Menschen haben. Ihre innere Verfassung wirkt nach außen und beeinflusst Ihre Umgebung. Bestimmt werden Sie schon bemerkt haben, dass ein bestimmter Typ von Personen von Ihnen angezogen wird. Menschen, die sich bei einer Party sofort zu Ihnen gesellen. Zählt Ihr Wunschkandidat nicht zu dieser Gruppe, wäre es hilfreich, wenn Sie an Ihrer eigenen Persönlichkeit und Wirkung arbeiten:

1.4.3 Was möchten Sie verbessern?

Vielleicht ist Ihnen beim Lesen der eine oder andere

Aspekt aufgefallen, den Sie gerne an sich verändern oder verbessern möchten. Tragen Sie in der nachfolgenden Tabelle Ihre Ideen ein, und vermerken Sie auch, was Sie konkret unternehmen und bis wann Sie ein Veränderung erzielt haben möchten:

Neue Ideen und Impulse:		
Was will ich verändern?	Was muss ich dafür tun?	Bis wann will ich es erreicht haben?

Überlegen Sie, wie viel Zeit, Geld und Energie Sie investieren möchten, um ans Ziel zu kommen, und wer Ihnen dabei helfen kann.
Machen Sie sich ein konkretes Bild von der Person, die optimal zu Ihnen passen würde, und überlegen Sie sich, was Sie tun könnten, damit sich Ihr idealer Partner in Sie verlieben kann.

2. Nicht suchen, sondern finden

Personalberater suchen nicht. Sie gehen davon aus, dass sie finden werden. Der Weg, einen Partner zu finden, ähnelt dem Abtasten der Umwelt mit der Linse einer Kamera, mit der Sie die Wunschperson entdecken wollen. In der deutschen Sprache nennt man das kleine Fenster, wo durch das Sie schauen, einen „Sucher". Im amerikanischen heißt es „Finder". – Worin besteht der Unterschied? – Was ist es für Sie? Suchen Sie oder finden Sie?

2. Nicht suchen, sondern finden

Sollten Sie auf der Suche sein, haben Sie gegenüber demjenigen, der durch einen Finder blickt, einen psychologischen Nachteil. Menschen, die suchen, wissen nicht unbedingt, ob sie auch etwas finden werden. Demgegenüber gehen die „Finder" der erfolgreichen Suche schon voraus. Es ist nur eine Frage der Zeit, wann sie fündig werden. Für welche dieser beiden Möglichkeiten entscheiden Sie sich? Was macht es Ihnen leichter?
Welche klassischen Wege führen zur Partnerfindung? Warum sind diese Wege oft nicht zielführend? Was würde ein Personalberater anders machen? Und was können wir von ihm lernen?

2.1 Was Sie über die klassischen Wege wissen sollten

Viele Wege führen nach Rom. Auf dem Weg zur Partnerfindung gibt es viele Möglichkeiten, die darauf warten, von Ihnen genutzt zu werden.

2.1.1 Internet

Die meisten Menschen finden ihren Partner über das Internet. Für viele ist dies der schnellste und direkteste Weg. Unter den bislang schätzungsweise 2300 Anbietern von Flirt- und Single-Treffpunkten gibt es für jeden Geschmack eine große Auswahl.

Geben Sie bei Google einfach das Stichwort „Partnerbörsen“ ein und schauen Sie sich die einzelnen Portale an. Lassen Sie die Webseiten auf sich wirken und fragen Sie sich, ob Sie sich hiervon angesprochen fühlen. Vielleicht finden Sie hier auch schon einige Bilder von Personen, die Sie sich als idealen Partner vorstellen können. Analysieren Sie dann kurz die angegebenen Profile der Personen. Achten Sie auf die Art und Weise, wie sich die Personen darstellen und was es über sie aussagt. Und wenn Sie meinen, eine für Sie ansprechende Plattform gefunden zu haben, dann lassen Sie sich einfach mal für eine Probezeit dort registrieren.

Nutzen Sie die dort gebotenen Möglichkeiten. In der Regel können Sie eine Anzeige aufgeben und in den Chatrooms interessante Personen kennen lernen.

Um eine Anzeige zu schalten, wird Ihnen meist ein Formular zur Verfügung gestellt, in dem Sie bestimmte Merkmale wie Alter, Größe, Job usw. eintragen können. Ob Sie ein Foto zum Text stellen, bleibt Ihnen überlassen. Erfahrungsgemäß wird jemand auf Ihre Annonce eher reagieren, wenn er eine Vorstellung davon hat, wie Sie aussehen. Andererseits können Sie, wenn Sie unsicher sind und Ihre Anonymität wahren möchten, einfach nur einige Zeilen dazuschreiben. Falls sich niemand meldet, ist es später immer noch möglich, ein Bild dazuzustellen.

Gestalten Sie den Text so, dass er Ihre Einmaligkeit unterstreicht. Umschreiben Sie mit charmanten Worten, wen Sie suchen, damit sich der Leser angesprochen fühlt, der nach Ihrer Auffassung am ehesten zu Ihnen passt. Fehlen Ihnen hierzu die Worte, schauen Sie sich mal die anderen Beschreibungen an oder fragen Sie eine gute Freundin oder einen guten Freund, die gut texten können.

Manchmal ist es gut, zunächst anonym zu bleiben. Sie wissen nie, ob nicht auch noch Kollegen, Vorgesetzte, Kunden und Nachbarn auf dieser Single-Börse surfen. Um zu verhindern, dass sie morgen zum Klatschgespräch in ihrem Büro werden, schützen viele Menschen zunächst ihre Privatsphäre. Manche richten dazu eine besondere E-Mail-Adresse ein mit einem Fantasienamen, bei dem weder der Vor- noch der Nachname auftaucht. Seien Sie auch vorsichtig mit dem Herausgeben Ihrer Telefonnummer. Sie können nie wissen, wem Sie diese Nummer geben und was später damit gemacht wird. Geben Sie Ihre privaten Daten erst heraus, wenn Sie sicher sind, dass die andere Person es auch ernst meint.

Viele Internetforen bieten einen virtuellen Chatroom an, in dem Sie sich mit anderen Singles treffen und unterhalten können. Um auch hier anonym zu bleiben, legen Sie sich am besten einen Spitznamen zu, der zu Ihnen passt und der Ihr Wesen ein wenig umschreibt. Achten Sie bei den Beiträgen auf die richtige Wortwahl. An der Art und Weise, wie sich eine Person präsentiert, können Sie schon viel über ihre Persönlichkeit ablesen. Sobald Sie das Gefühl haben, dass es an der Zeit ist, können Sie telefonisch Kontakt aufnehmen, um weitere Eindrücke zu erhalten und so zu entscheiden, ob sich ein persönliches Treffen lohnen würde.

2.1.2 Zeitungsannonce

Viele Menschen nutzen die Möglichkeit der Zeitungsannonce, um ihren idealen Lebenspartner zu finden. Überlegen Sie, welche Zeitung Sie selbst gerne lesen oder in welcher Zeitung Sie schon einmal ansprechende Partnerannoncen gesehen haben. Berücksichtigen Sie bei der Auswahl der Zeitungen folgende Aspekte: Von wem wird diese Zeitschrift gelesen? Suche ich regional oder überregional? Welche Auflage hat die Zeitschrift?

Sobald Sie sich für eine Zeitung entschieden haben, schalten Sie eine kleine Anzeige, die Interesse und Neugier weckt. Beschreiben Sie, wen Sie suchen und warum man sich in Sie verlieben sollte.

Sobald die Anzeige geschaltet ist, können Sie sich zurücklehnen und sich überraschen lassen, welche Reaktionen Ihre Anzeige auslösen wird. Sortieren Sie die eingehenden Antworten nach drei Kategorien: „Klingt gut“, „Vielleicht“ und „Lieber nicht“.

Seien Sie vorsichtig bei Antworten, die eine gebührenpflichtige Telefonnummer angeben und um Rückruf bitten. Dies klingt nicht besonders seriös. Antworten Sie nur auf Briefe, bei denen Sie ein gutes Gefühl haben.

Wenn Sie keine oder nur wenige Antworten erhalten, dann liegt dies oft nicht an Ihrer Person. Vielleicht war es die falsche Zeitung, die falsche Ausgabe oder der falsche Zeitpunkt. Es kann auch sein, dass der Text nicht optimal formuliert war. Versuchen Sie es ein weiteres Mal und nutzen Sie zugleich andere Möglichkeiten der Partnerfindung.

2.1.3 Partnerschaftsinstitute

Manchmal helfen auch Partnerschaftsinstitute. In der Regel verfügen sie über eine große Kartei potentieller Personen, unter denen auch Ihr Wunschpartner sein könnte.
Seriöse Partnerschaftsinstitute begnügen sich nicht nur damit, Ihre persönlichen Daten und Wunschvorstellungen aufzunehmen. Vielmehr legen sie großen Wert darauf, dass ihre Kunden persönlich und individuell betreut und beraten werden. Idealerweise wird vorher ein Persönlichkeitstest durchgeführt, dessen Ergebnis mit Ihnen besprochen wird. Darauf aufbauend wird Ihr Profil mit den Profilen in der Mitgliederkartei verglichen.

Plan zur Partnerfindung:

Abschließend haben Sie nun die Gelegenheit, anhand der nachfolgenden Fragen Ihren eigenen individuellen Plan zur Partnerfindung zu entwerfen. Sollten Sie auf die eine oder andere Frage keine Antwort finden, können Sie dazu im Buch einige weiterführende Impulse finden.

Wen suche ich?

- Habe ich mir ein genaues Bild von der Person gemacht, die idealerweise zu mir passen könnte?
- Kann ich diese Person mit fünf bis sieben Eigenschaften beschreiben?

- Mit wem möchte ich auf keinen Fall zusammen sein?

Welche Unterstützung habe ich?
- Wie viel Zeit, Geld und Energie möchte ich täglich für die Partnerfindung aufwenden?
- Wer aus meinem Freundes- und Bekanntenkreis kann mich dabei aktiv unterstützen?
- Welche Orte könnte ich regelmäßig aufsuchen, die mir Kraft geben?
- Mit welchen Menschen könnte ich mich treffen, die mir nach Enttäuschungen wieder Mut geben?

Wie finde ich meinen Partner?
- Wie stark glaube ich daran, dass ich in absehbarer Zeit den richtigen Partner finden werde?
- Was müsste ich tun, um aus diesem Glauben die Gewissheit werden zu lassen, dass alles, was ich mir vornehme, auch das Potential hat, sich zu verwirklichen?
- Wer könnte mir dabei helfen?
- Warum sollte man sich in mich verlieben?
- Wie wirke ich und auf wen wirke ich?
- Wer möchte ich sein und was müsste ich dazu verändern?

Wo finde ich meinen Partner?
- Wie sieht das Suchprofil meines idealen Partners aus?
- Wo könnte sich diese Person typischerweise aufhalten?
- Welche günstigen Gelegenheiten könnte ich regelmäßig schaffen, damit ich mich dort aufhalte, wo ich meinen Wunschpartner treffen kann?

- Welche klassischen Wege der Partnerfindung könnte ich zusätzlich nutzen?

Wie spreche ich meinen Wunschpartner an?

- Was könnte mir helfen, meine Schüchternheit zu überwinden?
- Wie werde ich mich positiv belohnen, wenn mein Gegenüber nicht interessiert ist?
- Mit welchen Worten gestalte ich bei einer Ablehnung einen guten „Abgang“, der mir guttut und die Möglichkeit eröffnet, mit dem Gegenüber später noch einmal ins Gespräch zu kommen?
- Mit welchen generellen Aussagen oder Fragen über die Situation, in der wir beide uns befinden, kann ich einen Small Talk beginnen?
- Mit welchen Aussagen und Fragen kann ich das Gespräch intensivieren?
- Wie kann ich mich verabschieden und dabei die Frage nach seinen Kontaktdaten stellen, um ihn eventuell später noch einmal in der einen oder anderen Sache ansprechen zu dürfen?

Wie gestalte ich das erste Date?

- An welchem unverfänglichen Ort, an dem ich mich wohl fühle, könnte ich mich treffen?
- Wie werde ich mich am Anfang vorstellen?
- Über welche Themen (wie z. B. Interessen, Hobbys, Reisen) möchte ich mich unterhalten?
- Wie gestalte ich den charmanten Rückzug, wenn ich merke, dass mein Gesprächspartner nicht meinen Vorstellungen entspricht?

Woran erkenne ich den idealen Partner?

- Auf welche fünf bis sieben Eigenschaften sollte ich beim ersten Gespräch achten?
- Wie gebe ich meinem Gesprächspartner die Möglichkeit der Selbstdarstellung?
- Mit welchen charmanten Aussagen kann ich seine Selbstdarstellung hinterfragen?
- Welche besonderen Fragetechniken kann ich wählen, um alles noch einmal zu überprüfen?
- Wie gestalte ich das Gespräch, ohne dass es wie ein Verhör klingt?
- Wie kann ich charmant reagieren, wenn der erste Eindruck enttäuschend ist?
- Wie gehe ich vor, wenn einige Zweifel bestehen?
- Wann sollte ich den Morgen danach erleben?

Wie finde ich zum Ziel?

- Welche Gewohnheiten kann ich entwickeln, die es mir erleichtern, täglich die 20-mal-2-Formel anzuwenden?
- Wie kann ich mich belohnen, wenn ich ein Etappenziel erreicht habe?

2.1.4 Speeddating

Für Singles, die in kurzer Zeit mit wenig Aufwand viele andere Singles kennen lernen möchten, bietet sich das sogenannte Speeddating an. Hier treffen Sie in einer Stunde sieben andere Singles und haben füreinander jeweils sieben Minuten Zeit, sich kennen zu lernen. Jeder kann sich von seiner besten Seite zeigen, ohne dass Telefonnummern oder Adressen ausgetauscht werden. Nach dem Dating kann jeder Teilneh-

mer dem Veranstalter dann mitteilen, wen er wiedersehen möchte. Bei gegenseitigem Einverständnis wird dann ein normales Treffen ausgemacht.
Veranstalter von Speeddatings finden Sie im Internet. Suchen Sie sich in der Stadt Ihrer Wahl einfach einen Termin und eine Lokalität aus, die von den Agenturen angeboten wird. Bereiten Sie sich darauf vor, sich selber in kurzen Worten zu beschreiben. Machen Sie sich interessant, erzählen Sie nicht zu viel und hören Sie lieber zu, um herauszufinden, welche Person Ihnen gegenübersitzt. Fragen Sie kurz nach den vier bis fünf bedeutenden Punkten, die Ihnen wichtig sind, wie zum Beispiel nach dem Alter, dem Job, dem Freizeitverhalten und den Träumen.

2.1.5 Single-Events

Bei Single-Events haben Sie die Möglichkeit, vorwiegend Personen zu treffen, die ebenfalls auf der Suche sind. Je nach Ausrichtung der Veranstaltung können Sie Personen einer bestimmten Alters- und Interessengruppe begegnen und dabei Ihre Freizeitinteressen mit der Partnerfindung verbinden.
Vorteil der Single-Events: Die Auswahl Ihrer potentiellen Wunschpartner ist relativ groß. So kommen Sie schnell ins Gespräch mit Gleichgesinnten.

2.1.6 Radio und Fernsehen

Einige lokale Radiosender strahlen regelmäßig Rundfunksendungen aus, in denen es um den Traumpartner geht. Dabei können sich die Hörer melden und eine Suchmeldung abgeben. Darüber hinaus bieten auch einige Fernsehsender Unterhaltungssendungen für

Singles an. Eingeladen werden Gäste mit einem interessanten Hintergrund und bewegenden Geschichten. Erfahrungsgemäß führt ein Fernseh- oder Rundfunkauftritt zu einer Vielzahl von Kontaktmöglichkeiten. Allerdings gelingt es nicht jedem, ins Radio oder Fernsehen zu kommen. Gesucht werden Menschen mit einem außergewöhnlichen Hobby, einem besonderen Beruf oder etwas Besonderem, das sie von anderen Menschen abhebt.

Viele Wege führen zum Ziel. Einige Menschen haben das Glück, mithilfe dieser Wege irgendwann einmal ihren idealen Partner zu finden. Testen Sie für sich aus, welcher Ihr persönlicher Weg zum Traumpartner sein kann.

2.2 Warum die klassischen Wege nicht immer zum Ziel führen

Eins vorweg: Ein Personalberater würde diese Wege nicht beschreiten, weil sie in der Regel sehr teuer und zeitaufwendig sind.

Die Schaltung von Anzeigen ist bei der Partnerfindung meistens erfolglos. Oftmals handelt es sich um eine falsche Selbstdarstellung auf beiden Seiten ohne eine passende Profilbeschreibung der jeweiligen Person. Häufig findet man alte Fotos und erfundene Lebensgeschichten, die erst beim ersten Treffen überprüft werden können. Dies ist sehr zeitaufwendig. Zudem hat der Suchende oft die Qual der Wahl, unter den vielen Blindgängern und Nieten die richtige Person herauszufinden, die zu ihm passen könnte. Auch beim Internet-Chat kann man sich nicht sicher sein, ob die virtuelle Person auch im wirklichen Leben so ist, wie sie sich darstellt. Speeddating und Single-Events schaffen unrealistische Situationen, die zur falschen Selbstdarstellung verleiten. Blender haben es hier sehr einfach, sich angepasst wie ein Traumpartner zu verhalten, den es nicht gibt und dessen Ansprüche man auf Dauer nicht erfüllen kann. Und die Chance, ins Radio oder Fernsehen zu kommen, ist relativ gering.

2.3 Nach welchen Strategien Personalmanager vorgehen

Gute Personalberater gehen daher andere Wege, die sie schneller und sicherer ans Ziel führen. Erfahrene Personalberater sind spezialisiert auf die Direktansprache ihres potentiellen Wunschkandidaten. Um den gesuchten Kandidaten möglichst schnell zu finden, gehen die Personalberater in folgenden Schritten vor:

2.3.1 Erstellen eines Identifikationsprofils

Der Personalberater weiß sehr genau, wen er sucht. Gemeinsam mit dem Auftraggeber hat er vorher ein genaues Profil angelegt, in dem die wesentlichen Suchkriterien festgehalten sind: Unternehmen und Branche, Alter und Berufserfahrung, Managementebene und Gehaltsniveau. Anhand dieser Zielfirmenliste hat es der Personalberater einfach, den gesuchten Kandidaten im richtigen Umfeld zu identifizieren.

Manchmal kommt es vor, dass die Liste der festgelegten Zielfirmen nicht ausreicht, um eine erfolgreiche Stellenbesetzung vorzunehmen. Viele Kandidaten haben gar kein Interesse, die Stelle zu wechseln. Andere haben nur dem Anschein nach die erforderlichen Qualifikationen, im persönlichen Auftreten hingegen enttäuschen sie. Einige Kandidaten sind geeignet und sagen zu, treten dem Position jedoch nicht an, weil sie zeitgleich ein besseres Angebot wahrgenommen haben.
Um sicherzugehen, dass die Suche ein Erfolg wird, erweitert der Personalberater das Suchprofil um ergänzende Kriterien, so dass er auch Personen in Betracht zieht, die erst auf dem zweiten Blick geeignet erscheinen.

2.3.2 Umfangreiche Recherchen

Der Personalberater verfügt über umfangreiche Datenbanken, in denen er gezielt nach Unternehmen und Ansprechpartnern suchen kann. Ein besonderes Recherche-Team unterstützt ihn dabei. Es übernimmt für ihn die Identifizierung der gesuchten Kandidaten innerhalb der bevorzugten Branche und ruft in den betreffenden Unternehmen an, um mit dem potentiellen Bewerber einen ersten Termin zu vereinbaren.

2.3.3 Aktivierung des Netzwerkes

Ergänzend zu den Recherchen aktiviert der Personalberater seine Netzwerkpartner. Als Mitglied vieler Clubs, Vereinigungen und Verbände kennt er viele Entscheidungsträger und Multiplikatoren, die ihrerseits viele Menschen kennen, die für die ausgeschriebene Position interessant sein könnten.

2.3.4 Direktansprache im Alltag

Sobald der Personalberater eine erste Liste potentieller Kandidaten hat, geht er über zur direkten Kontaktaufnahme. Auch dabei geht er nach Strategien vor, die in der Regel nur unter Personalern bekannt sind.

2.4 Wie Sie das geheime Wissen der Personalmanager nutzen können

Diese Vorgehensweise können Sie auch für Ihre Partnerfindung nutzen.

2.4.1 Legen Sie ein Identifikationsprofil an

Im ersten Teil des Buches haben Sie ein konkretes Profil entworfen, welche Person idealerweise zu Ihnen passen könnte. Um nun Ihren Wunschpartner zu identifizieren, fragen Sie sich einfach, wo Sie ihn treffen können.

- In welchem Umfeld könnte er sich aufhalten?
- Wo könnte er arbeiten?
- In welcher Gegend wird er wohnen?
- Wo geht er einkaufen?
- Welchen Sport übt er aus?
- In welchen Vereinen können Sie ihn treffen?
- In welchem Restaurant isst er?
- Geht er eher ins Theater oder Kino?
- Welche Musik hört er?
- Wo und wie verbringt er seinen Urlaub?

Je mehr Sie über die angenommenen Lebensgewohnheiten Ihres Wunschpartners wissen, desto einfach wird es sein, ihn an diesen Orten zu treffen.

2.4.2 Recherchieren Sie

Weitere Orte, an denen Sie Ihrem idealen Partner begegnen könnten, finden Sie durch eine Recherche im Internet. In den Telefon- und Branchenverzeichnissen können Sie weitere Orte erkunden, bei denen Sie wahrscheinlich Ihrem Wunschpartner begegnen könnten. Mit etwas Fantasie und Kreativität werden Sie auf weitere Informationsquellen stoßen.

2.4.3 Aktivieren Sie Ihr Netzwerk

Hören Sie sich in Ihrem Freundes- und Bekanntenkreis um, ob sich eine Person, die Ihren Vorstellungen entspricht, unter Umständen schon in Ihrer näheren Umgebung aufhält.
Schließen Sie sich Ihren Freunden oder Bekannten an, die sich in Vereinen oder Institutionen aufhalten, die Sie interessieren. Lassen Sie sich dorthin mitnehmen.
Sichern Sie sich die Unterstützung einer vertrauten Person zu, die Sie während der Findungsphase im Hintergrund begleitet. Gerade in Zeiten, in denen Sie Hindernisse und Enttäuschungen erfahren, ist eine Person hilfreich, die Ihnen Kraft und Mut gibt.

2.4.4 Schaffen Sie günstige Gelegenheiten

Suchen Sie bewusst die Umgebung und das Umfeld auf, in dem sich Ihr idealer Partner aufhalten könnte:

- Kneipen
- Cafés und Bistros
- Diskotheken
- Tanzveranstaltungen und Bälle
- Partys und Feste
- Konzerte, Theater und Kino
- Museen und Kunstausstellungen
- Bibliotheken
- Park, Wald und Strand

Günstige Gelegenheiten ergeben sich im Alltag: Halten Sie die Augen auf und nutzen Sie die Chance des Augenblicks für die erste charmante Begegnung.

3. Charmante Begegnung

Manchmal trennt Sie von Ihrem Lebensglück nur ein Moment der charmanten Ansprache. Doch im entscheidenden Augenblick verlieren viele Menschen den Mut und ein Gefühl der Angst macht sich breit. Sie fragen sich: Was ist, wenn ich einen Korb bekomme und mich lächerlich mache? Wenn ich im entscheidenden Augenblick nicht die richtigen Worte finde?

3.1 Wie überwinden Sie Ihre Schüchternheit?

Schüchternheit entsteht im Kopf. Oft verkennt sie die Wirklichkeit. Vielleicht kennen Sie die Geschichte von Manuela mit dem Silberblick? Manuela, die einen Silberblick hatte. Deswegen trug sie eine Brille. Bis sie eines Tages bemerkte, dass ihr Gegenüber gerade das sehr süß fand und an ihr so liebte.

Dabei haben Untersuchungen ergeben, dass 90 Prozent unserer Befürchtungen niemals eintreten. Warum sollte dies gerade bei Ihnen anders sein?

Natürlich: Es gibt immer viele Gründe dafür, nicht erfolgreich zu sein. Und je mehr wir daran glauben, desto wahrscheinlicher wird dies. Und es gibt mindestens noch mehr Gründe dafür, dass Sie charmant Ihren potentiellen Wunschpartner ansprechen können. So wie Sie in Ihrem Leben bestimmt das eine oder andere Mal eine fremde Person schon erfolgreich angesprochen haben, und zwar in einer Situation, als es nicht darum ging, einen Partner fürs Leben zu finden. Überlegen Sie: Was war da anders und was könnten Sie tun, um Ihre Schüchternheit zu überwinden?

Wenn Sie die Angst vor Ablehnung überwinden möchten, dann ist es hilfreich, bei der Meinung zu beginnen, die Sie von sich haben. Beginnen Sie vor all den anderen, d. h. als Erster, sich anzunehmen, so wie Sie sind – das bedeutet auch mit Ihren Fehlern und Mängeln. Erst wenn Sie selbst davon überzeugt sind, dass Ihre Fehler und Mängel nichts, aber auch gar nichts an Ihrem Wert als Mensch ändern, erst wenn Sie sich für liebenswert halten, dann, aber auch wirklich erst dann berührt es Sie kaum, wie andere über Ihre Fehler und Mängel denken. Dann sind Sie derjenige, der die Maßstäbe setzt und darüber entscheidet, wer Sie sind und was Sie sind. Denn: So wie man von sich selbst denkt, so glaubt man, dass auch andere von einem denken.
Wenn jemand ein Gespräch mit Ihnen ablehnt, bedeutet das auf keinen Fall, dass Sie uninteressant und unattraktiv sind. Andere sind nicht immer in der Stimmung für ein Gespräch und haben selbst Angst davor. Wenn Ihr Gegenüber nicht daran interessiert ist, sagt das nichts über Sie als Person aus. Aus irgendeinem Grund will Ihr Gegenüber einfach keinen Kontakt. Das ist zwar schade, aber nach jeder verschlossenen Tür öffnet sich eine weitere Tür mit eventuell noch besseren Möglichkeiten.
Stellen Sie sich vor, schon zu Beginn das mögliche Ende im Kopf zu haben. Überlegen Sie sich eine Strategie, wie Sie im Falle einer Ablehnung reagieren werden. Planen Sie einen positiven Abgang, der Ihnen ein mögliches Wiedersehen leicht machen kann. Was könnte Ihnen in dieser Situation helfen, Ihr Gesicht zu wahren und mit einem Lächeln den Kontakt zu beenden?
Die meisten Menschen bekommen im Leben immer das, was sie sich intensiv erhoffen und ersehnen. Und

wenn es nicht gerade diese eine Person ist, dann wird es eine andere sein, die noch besser zu Ihnen passen wird. Nehmen Sie nur dann Kontakt auf, wenn Sie sich innerlich gut fühlen und aus einer inneren Stärke heraus die Kraft Ihrer Persönlichkeit für sich wirken lassen können.

3.2 Wann sollten Sie Kontakt aufnehmen?

Manchmal kann auch folgende mentale Übung hilfreich sein:

Denken Sie zurück an eine Situation in Ihrem Leben, in der Sie bereits alles hatten, was Sie jetzt in dieser Situation gerne haben möchten. Lassen Sie sich dafür etwas Zeit, denn früher oder später wird Ihnen etwas dazu einfallen. Und wenn nicht, malen Sie sich einfach aus, wie es wäre, wenn die charmante Begegnung mit Ihrem vorgestellten Gesprächspartner nach Ihren Wünschen und Vorstellungen verlaufen würde.
Was sehen Sie? Welche Bilder oder Filme erscheinen in Ihrem Kino? Und dann lassen Sie dieses Bild klarer und deutlicher werden. Intensivieren Sie alles, was Sie dort sehen möchten.
Und während Sie alles sehen – vielleicht ist da auch etwas, was Sie hören können? Etwas, was Sie zu sich selber sagen oder Sie Ihrem Gegenüber gerne sagen möchten. Wie klingt Ihre Stimme?
Was fühlen Sie? Lassen Sie dieses angenehme Gefühl noch intensiver werden und sich überall ausbreiten, wo es Ihnen guttut. Wo spüren Sie es am liebsten und wo hat es seine beste Wirkung?
Und während Sie nun vielleicht etwas sehen, hören und spüren – achten Sie mal auf Ihre Körperhaltung. Wie bewegen Sie sich? – Wie atmen Sie? – Atmen Sie jetzt genau so und intensivieren Sie diesen Atem.

Bewegen Sie sich so, wie Sie es in dieser Situation getan haben, und sehen, hören und spüren Sie dabei alles, was Sie erlebt haben, als es Ihnen leichtfiel, das zu tun, was Sie jetzt tun möchten. Und dann stellen Sie sich vor, wie es wäre, wenn Ihnen jetzt alles gelingen würde und sich alles zu Ihrem Erfolg verschworen hat. – Was ist jetzt alles möglich?
Und mit dieser Kraft und Ausstrahlung gelingt Ihnen der nächste Schritt:

3.3 Wie Sie Personen charmant ansprechen

Mit einem Blickkontakt und einem Lächeln signalisieren Sie Ihrem Gegenüber, dass Sie sich für ihn interessieren. Sie können damit gleichzeitig testen, wie es mit seiner Empfangsbereitschaft aussieht. Reagiert er überhaupt nicht oder schaut er weg, dann ist es nicht der richtige Zeitpunkt, um mit ihm in Kontakt zu kommen. Sollte er darauf positiv reagieren, beginnen Sie mit dem Small Talk. Dabei ist es relativ unwichtig, was Sie als Einstieg wählen. Die Hauptsache ist, Sie sind im Gespräch.
Bevor Sie ins Gespräch kommen, sollten Sie versuchen, mit Ihrem Gesprächspartner gefühlsmäßig auf der gleichen „Wellenlänge" zu schwimmen. Psychologen haben festgestellt, dass sich Menschen immer dann besonders gut verstehen, wenn sie viele Gemeinsamkeiten haben. Personen, die miteinander flirten, haben sogar in ihren Körperbewegungen den gleichen Rhythmus. Personalmanager machen sich diese Erkenntnis zunutze, indem sie sich dem Bewerber möglichst in vielen

Punkten angleichen, um eine gute Gesprächsatmosphäre herzustellen.
Vielleicht machen Sie einmal das Experiment und gleichen sich Ihrem Gesprächspartner zunächst einmal an, bevor Sie mit ihm ein Gespräch beginnen. Starten Sie dann in das Gespräch mit einer Aussage oder Frage über die Situation, in der Sie sich beide befinden. Schauen Sie sich um und greifen Sie etwas auf, was Sie beide interessieren oder irritieren könnte: „Kaufen Sie hier öfters ein? Dauert das immer so lange an der Kasse? Haben Sie schon öfters in diesem Restaurant gegessen? Können Sie etwas besonders Leckeres empfehlen?“.
Die meisten Menschen reden gerne über sich und werden erfreut auf Ihre Fragen oder Kommentare antworten. Bevor Sie anfangen, sollten Sie studieren, was die andere Person gerade tut, trägt, sagt und liest, und sich überlegen, worüber Sie gerne mehr wissen möchten.
Haben Sie den Einstieg in das Gespräch geschafft, dann können Sie es gut am Leben erhalten, indem Sie offene Fragen stellen: Wie? Warum? Auf welche Weise? Ihr Gegenüber kann darauf nur schwer mit einem knappen Ja oder Nein antworten. Und im Verlauf des Gesprächs bekommen Sie schon einen näheren Eindruck davon, ob der Angesprochene zu Ihnen passen könnte.

3.4 Wie gestalten Sie das erste Date?

Sofern Sie sich dazu entschlossen haben, im Internet zu chatten, eine Anzeige aufzugeben oder besondere Institute einzuschalten, werden Sie mit der Zeit die eine oder andere Kontaktmöglichkeit bekommen. Und irgendwann, wenn Sie das Gefühl haben, dass es nun Zeit ist, diesen Menschen persönlich kennen zu lernen, stehen Sie vor der Frage:

3.4.1 Wo sollten Sie sich treffen?

Für die erste Begegnung wählen Personalmanager einen neutralen Ort, wie zum Beispiel die bequeme Sitzecke in der Lobby eines Hotels. Bei Ihrem ersten Date sollten auch Sie sich für einen Treffpunkt entscheiden, der Ihnen gefällt und an dem Sie sich wohl fühlen: ein Café oder ein Bistro vielleicht, das Ihrem Stil entspricht. Dann können Sie auch gleich testen, ob sich Ihr Gegenüber in dieser Umgebung wohl fühlen wird. Weniger geeignet für ein erstes Treffen sind Theater- und Kinobesuche.
Meiden Sie Lokalitäten, in denen man Sie kennt, um nicht in verfängliche Situationen zu kommen. Falls sich Ihr erstes Treffen als eine Enttäuschung herausstellen sollte, können Sie dann noch weiterhin unbehelligt Ihrem gewohnten Leben nachgehen.

3.4.2 Wie kleiden Sie sich?

Personalmanager erscheinen immer korrekt gekleidet und achten sehr darauf, ob der Kandidat auch in der Art gekleidet ist, wie es seine spätere Arbeitsumgebung erfordert.
Da es bei der Partnerfindung darum geht, jemanden zu finden, der optimal zu Ihnen passt, sollten Sie sich selber treu bleiben und eine Kleidung wählen, die Ihnen gefällt. Schließlich sollte Ihr idealer Partner Sie auch in Ihrem Montagsoutfit mögen.
Vielleicht nutzen Sie die Gelegenheit, etwas mehr aus Ihrem Typ zu machen. So gibt es bestimmte Farben, die Sie tragen können, um Ihre Persönlichkeit zu betonen

und besser zur Geltung kommen zu lassen. Ebenso können Sie Ihren Stil durch die bewusste Wahl von Kleidung, Accessoires und Frisur zum Ausdruck bringen. Eine Stil- und Imageberatung kann hier Wunder wirken. Für das erste Date kommt es jedoch weniger darauf an, welche Kleidung oder Frisur Sie tragen, sondern ob Sie sich in Ihrer Haut wirklich wohl fühlen.

3.4.3 Über was können Sie sich unterhalten?

Ein Personalmanager spricht bei der ersten Begegnung sofort folgende Themen an: das Gehalt, die Berufserfahrung und die Erwartung an die ausgeschriebene Position. Solche Themen sollten Sie beim ersten Date unbedingt meiden. Heikle und schwierige Themen sind Politik, Religion, Krankheiten, Geld und Geschäfte. Sprechen Sie über leichte Themen wie Hobbys, die beliebteste Freizeitbeschäftigung, Sport, Urlaub, Reisen, Haustiere und Tiere allgemein, die berufliche Tätigkeit, Studium, Ausbildung, Familienstand und Kinder.

Oft liefert die Situation, in der Sie sich befinden, genügend Aufhänger für einen Plausch: das Lokal mit seiner Einrichtung und den Gästen, die Musik oder das Stadtviertel. Gerät das Gespräch ins Stocken, warten Sie einige Sekunden. Meist nimmt der andere von sich aus die Unterhaltung wieder auf. Und wenn nicht, stellen Sie eine weiterführende Frage und äußern Sie Ihre Ansicht. Wenn sich Ihr Gegenüber genauso verhält, werden Sie keine Schwierigkeiten haben, gemeinsame Interessen zu finden und an diesen Stellen die Unterhaltung zu vertiefen.

4. Woran erkennen Sie den idealen Partner?

Ein wichtiger Schritt liegt hinter Ihnen. Sie haben einen ersten Kontakt geknüpft und überlegen nun, ob es der ideale Lebenspartner sein könnte.
Woran erkennen Sie den idealen Partner? In welche Fallen können Sie tappen? Worauf achten Personalmanager? Und wie geht es weiter, wenn der erste Eindruck überzeugt, Zweifel bestehen oder enttäuschend ist?

4.1 Woran erkennen Sie den idealen Partner?

Manche Menschen erleben die Liebe auf den ersten Blick und spüren sofort, ob der Wunschpartner vor ihnen steht.
Andere erfahren die Liebe auf den zweiten Blick. Es dauert etwas, bis sie erkennen, dass sie eigentlich schon lange mit dem Partner zusammen sind, den sie gesucht haben.
Ob ein Partner zu Ihnen passt, ergibt sich oft erst nach einigen Monaten und Jahren. Sobald ernste Krisenzeiten gemeinsam überwunden wurden, spüren Sie, dass Sie vielleicht die richtige Wahl getroffen haben. Und selbst dann können Sie sich nicht sicher sein. Medizinisch gesehen erneuern sich die Körperzellen eines Menschen alle sieben Jahre und einige Psychologen schließen daraus, dass sich auch das Wesen des Menschen alle sieben Jahre verändern kann.
Überlegen Sie einmal, welche Vorstellungen Sie mit 7 Jahren vom Leben hatten und wie sich dann Ihre Werte veränderten in den danach folgenden Lebensperioden: mit 14, 21, 35, 42, 49, 56, 63, 70, 77?

Und nicht nur Sie können sich verändern, auch Ihr Lebenspartner. Es ist nicht selten so, dass Sie eines Tages neben einer Person aufwachen, die Ihnen fremd geworden ist. Jeder hat sich in eine andere Richtung entwickelt.

„Gegensätze ziehen sich an", lautet eine alte Volksweisheit. Psychologische Untersuchungen haben aber ergeben, dass für eine langfristige erfüllende Partnerschaft nicht die Gegensätze wichtig sind. Entscheidend sind gemeinsame Werte und Grundhaltungen und die Ausrichtung auf ein Lebensdesign, in dem sich beide Partner wiederfinden.

Menschen, die das Glück haben, die Liebe auf den ersten Blick zu erleben, verlieren manchmal den Blick für das Wesentliche und tappen in die 30-Sekunden-Falle.

4.2 Die 30-Sekunden-Falle

Manchmal brauchen Sie nur 30 Sekundent, um sich Hals über Kopf in einen Menschen zu verlieben. In diesem Moment verändert sich der Hormonhaushalt und Sie fallen in einen Glücksrausch und in eine tiefe Trance, aus der Verliebte erst Wochen und Monate später wieder erwachen. Dann merken Sie plötzlich, dass Sie sich getäuscht haben und jemand vor Ihnen steht, dem Sie so nie wieder begegnen möchten.

Personalmanager wissen, dass der erste Eindruck täuschen kann, und haben gemeinsam mit Psychologen klassische Beurteilungsfehler herausgefunden. Tappen Sie bei der ersten Begegnung nicht in die 30-Sekunden-Falle.

4.2.1 *Der Überstrahlungseffekt*

Die ersten drei Eindrücke einer Person können ihr Gesamterscheinungsbild überstrahlen, im positiven sowie im negativen Sinne. Wirken Sie in den ersten Augenblicken einer Begegnung schüchtern und gehemmt, werden Sie schnell in eine Schublade gesteckt, aus der Sie schwer wieder herauskommen.
Wirkt Ihr Gesprächspartner auf den ersten Blick attraktiv, charmant und sexy, bedeutet dies nicht, dass er sich immer so verhalten wird. Fährt der Kandidat in einem Porsche vor und trägt einen Designer-Anzug mit einer Rolex-Uhr, können Sie übereilt meinen, die Person sei wohlhabend.

4.2.2 *Der Hierarchie-Effekt*

Ein weiterer fataler Beurteilungsfehler ist die Fehleinschätzung aufgrund der gesellschaftlichen oder beruflichen Stellung des Gegenübers, etwa nach dem Motto: „Dr. Müller muss schlau sein, sonst hätte er keinen Doktor-Titel ..." Doktoren- und Professorentitel werden jedoch auch ehrenhalber verliehen oder lassen sich im Ausland kaufen.

4.2.3 *Der Nikolaus-Effekt*

Merkwürdigerweise verhalten sich kluge Kinder zur Nikolauszeit besonders lieb. Warum? Damit sie vom Knecht Ruprecht keine Rute bekommen. Dieser „Nikolaus-Effekt" lässt sich auch bei materialistisch eingestellten Menschen beobachten. Sie beglücken ihre Wohltäter immer dann, wenn sie sich etwas davon versprechen: .„Schatz, wenn ich dich jetzt weiter da streichle, wo es dir guttut, kaufst Du mir dann ...???"

Besonders ausdauernde Menschen spielen den Nikolaus-Effekt sogar bis zum Zeitpunkt der Heirat aus. Vielleicht kennen Sie ja den einen oder anderen, der sich gleich nach der Hochzeit vom Schmetterling zur Raupe verwandelte?
Damit Ihnen das nicht passiert, sollten Sie wissen, wie Sie die 30-Sekunden-Falle vermeiden können.
Lassen Sie sich nicht von dem ersten Eindruck leiten, „fällen" Sie kein Vorurteil. Schieben Sie Ihr Urteil so lange auf, bis alle Informationen vorliegen.

4.3 Worauf Personalmanager achten

Damit sie diese Beurteilungsfehler und die 30-Sekunden-Falle vermeiden, gehen kluge Personalmanager beim ersten Gespräch mit dem Kandidaten in drei Phasen vor:

1. Phase: Möglichkeit der Selbstdarstellung
Zunächst einmal geht es darum, möglichst viel vom Gesprächspartner zu erfahren. Stellen Sie intelligente Fragen und hören Sie aktiv zu. Für die erste Begegnung mit Ihrem potentiellen Wunschpartner bedeutet dies, dass Sie Ihr Gegenüber zum Reden ermuntern, um sich ein erstes Bild darüber zu machen, inwiefern er zu Ihnen passen würde.
So ein Gespräch könnten Sie wie folgt einleiten: „Schön, dass wir nun die Gelegenheit haben, einander kennen zu lernen. Ich bin schon ganz gespannt darauf, zu erfahren, wer Sie sind. Erzählen Sie doch mal etwas über sich."

Bereits während des Zuhörens werden sich weitere Fragen ergeben, aus denen sich ein interessantes Gespräch entwickeln kann. Machen Sie aus dem Gespräch kein Kreuzverhör, sondern geben Sie auch etwas über sich preis.

2. Phase: Hinterfragen der Selbstdarstellung
Nachdem der Kandidat viel über sich erzählt hat, vergleicht der Personalmanager die Selbstdarstellungen mit den eingereichten Bewerbungsunterlagen. Deckt sich das persönliche Erscheinungsbild mit den vorher gegebenen Informationen? Gibt es Widersprüche? Welche Fragen sind offengeblieben?
Achten Sie beim Zuhören darauf, ob das, was erzählt wird, in sich schlüssig und stimmig ist. Bemerken Sie Ungereimtheiten, fassen Sie nach: „Hm, das klingt ja spannend. Wie war das genau?“
Zugleich haben Sie in dieser Phase die Möglichkeit, alle Fragen zu stellen, die Sie sich schon vor dem Gespräch überlegt haben. Stellen Sie dabei nur offene Fragen, die nicht mit einem kurzen „Ja“ oder „Nein“ beantwortet werden können, sondern die zu einer weiteren Stellungnahme anregen.

3. Phase: Critical-Incident-Methode
Danach wenden erfahrene Personalmanager die Critical-Incident-Methode an. Hierbei wird der Kandidat direkt danach gefragt, ob er zum Beispiel loyal ist. Diese Frage wird der Bewerber natürlich bejahen. Dies weiß der Personaler und erzählt darum eine Geschichte mit offenem Ausgang, bei der es auf Loyalität ankommt. Der Kandidat wird danach gefragt, wie er

sich verhalten würde und warum er so handeln würde. Die Anwendung der Critical-Incident-Methode setzt voraus, dass Sie sich vorher zwei oder drei wichtige Aspekte überlegt haben, über die Sie gerne etwas mehr erfahren möchten. Daraufhin erzählen Sie zu diesem Thema eine Geschichte, bei der Sie die Reaktion Ihres Gegenübers testen.
Wollen Sie zum Beispiel herausfinden, ob Ihr Gesprächspartner treu ist, können Sie eine Geschichte über eine untreue Freundin erzählen, die nicht weiß, ob sie ihren Seitensprung ihrem Ehepartner erzählen soll. Daraufhin fragen Sie Ihren Gesprächspartner um Rat. Anhand seiner Reaktionen können Sie einschätzen, wie sich Ihr Gegenüber eventuell in solchen Situationen verhalten würde.

4.4 Besondere Fragetechniken

Kluge Personalmanager vergleichen während des Gesprächs ihr vorher angefertigtes Anforderungsprofil mit dem gezeigten Eignungsprofil des Bewerbers. Dabei konzentrieren sie sich auf fünf bis maximal sieben Eigenschaften, die sie während des Gesprächs gerne herausfinden möchten. Jede Eigenschaft wird mindestens dreimal durch unterschiedliche Fragestellungen abgefragt. Erst wenn das Antwortverhalten des Kandidaten eine gewisse Regelmäßigkeit ergibt und auf ein gewisses Muster schließen lässt, wird es zu einem wichtigen Puzzleteil, das zu einem Gesamteindruck zusammengefügt wird.
Für das erste Kennenlernen Ihres potentiellen

Wunschpartners bedeutet dies, dass jede Antwort Ihres Gegenübers nur einen geringen Aussagewert hat. Alles, was Ihnen wichtig erscheint, sollten Sie mehrfach hinterfragen.

Dabei können Ihnen folgende Fragestellungen helfen:

- Fragen Sie danach, was Ihr Gesprächspartner unter einem besonderen Begriff versteht, der für Sie wichtig ist:

  „Heute redet jeder von Treue. Mich würde interessieren, was Sie darunter verstehen?"

- Fragen Sie nach einem Beispiel:

  „In Ihrem Leben haben Sie bestimmt viele Situationen erlebt, in denen es auf Familie ankam. Erzählen Sie davon, wenn Sie mögen." – Bei solchen persönlichen Fragen können Sie sehr schnell aufgrund der Reaktion Ihres Gegenübers aufschlussreiche Rückschlüsse ziehen.

- Fragen Sie nach dem Fremdbild:

  „Schade, dass Ihre Freunde nicht hier sind. Ich hätte gerne gewusst, wie Ihre Freunde Sie beschreiben würden."

- Fragen Sie nach den Gründen:

  „Gerade haben Sie erzählt, dass Sie besonders kinderlieb sind. Warum glauben Sie, das zu sein?"

- Fragen Sie nach besonderen Gewohnheiten:

  „Sie erwähnten eben, dass Sie beruflich sehr eingespannt sind. Was tun Sie, um sich zu entspannen?"

Vorsicht: Der Ton macht die Musik. Achten Sie darauf, dass es kein Kreuzverhör wird. Stellen Sie daher die Fragen immer in einen größeren Kontext. Vermeiden Sie dabei:

- Mehrfachfragen („Was sind Ihre Hobbys und welchen Sport lieben Sie?“)
- Suggestionen („Finden Sie nicht auch, dass …“)
- Alternativfragen („Möchten Sie lieber dieses … oder jenes …“)

Erfahrene Personalmanager sind gute Zuhörer. Sie schweigen, nachdem sie ihre Frage gestellt haben, achten aber sehr genau auf das Antwortverhalten ihres Gegenübers:

- Was sind seine spontanen Reaktionen?
- Wie wirkt seine Körpersprache?
- Was sagt seine Wortwahl?
- Wie klingt die Stimme?

Nach dieser ersten Begegnung haben Sie einen ersten Eindruck darüber gewonnen, ob der Gesprächspartner zu Ihnen passen würde. Danach stellt sich die Frage:

4.5 Wie geht es weiter?

Am Ende der ersten Begegnung stehen drei Alternativen: Der erste Eindruck ist enttäuschend, überzeugend oder Zweifel entstehen.

4.5.1 Wenn der erste Eindruck enttäuschend ist

Sobald sie merken, dass ihr Gesprächspartner nicht ihren Vorstellungen entspricht, bringen einige Menschen ihre Enttäuschung offen zum Ausdruck. Dies kann strategisch gesehen ein großer Fehler sein. Damit vergeben Sie sich die Chance auf eine mögliche Liebe auf den zweiten Blick. Und selbst wenn Sie dies ganz ausschließen, so ist es doch nicht ganz unwahrscheinlich, dass die Person später für Sie einmal in einem anderen Kontext sehr wichtig sein kann. Deshalb empfiehlt es sich, den charmanten Rückzug anzutreten.

Personalmanager gehen dabei so vor: Da sie wissen, dass der Kandidat später einmal für eine andere offene Position die richtige Person sein könnte, beenden sie das Gespräch mit einer positiven Feststellung: „Vielen Dank für das interessante und aufschlussreiche Gespräch. Momentan sind noch einige andere Bewerber im Rennen. Sobald ich einen Entscheidung getroffen habe, melde ich mich wieder." Wenig später folgt dann in etwa dieses Absageschreiben etwa so: „Sehr geehrter Herr Müller, auf die ausgeschriebene Stelle haben sich viele Kandidaten gemeldet. Die Entscheidung ist uns nicht leicht gefallen. Unsere Wahl ist auf einen Bewerber gefallen, der noch eher unserem Anforderungsprofil entspricht. Angesichts Ihrer guten Qualifikationen gehen wir davon aus, dass Sie in absehbarer Zeit eine Stelle finden werden, und wünschen Ihnen dabei weiterhin viel Glück. Mit freundlichen Grüßen ..."

So leicht sollten Sie aber nach dem ersten Date Ihren Gesprächspartner nicht abfertigen.

Geben Sie einfach zu, dass Sie den Eindruck gewonnen

haben, dass Sie nicht zueinander passen, verabschieden Sie sich dann mit aufmunternden ehrlichen Worten. Dabei können Sie zwei oder drei Aspekte erwähnen, auf die Sie oder Ihr Gegenüber großen Wert legen, die aber nicht gegeben sind: „Danke für das gute Gespräch! Sie erwähnten, dass Sie keine Hunde lieben und nicht gerne einen Urlaub in den Bergen verleben. Auf diese Punkte lege ich allerdings großen Wert. Ich denke, wir sollten daher eine Person finden, die noch besser unser beider Vorstellungen entspricht. Und wie ich Sie kennen gelernt habe, werden Sie dabei noch mehr Glück haben."

Sollte Ihnen kein Absagegrund einfallen, dann lassen Sie es doch einfach offen: „Während unseres Gesprächs habe ich den Eindruck gewonnen, dass wir nicht zueinander passen – ohne Ihnen sagen zu können, woran dies liegt. Ich spüre es einfach. Es wird wohl für uns beide besser sein, wenn wir mit einer anderen Person glücklich werden." Lassen Sie sich nicht auf Diskussionen ein, lächeln Sie charmant und gehen Sie.

4.5.2 Wenn beim ersten Eindruck einige Zweifel entstehen

Wenn Sie nach dem ersten Gespräch noch nicht sicher sind, ob Sie zueinander passen, nehmen Sie erst einmal Abstand, um darüber nachzudenken: „Aufgrund unseres interessanten Gesprächs habe ich viele neue Eindrücke gewonnen, die ich erst einmal verarbeiten muss. Lassen Sie mir etwas Zeit. Ich habe ja Ihre Telefonnummer und melde mich wieder."

Kluge Personalmanager versuchen dann, noch mehr

Informationen über den Kandidaten zu gewinnen. Sie nehmen einen Referenz-Check vor und stellen eine Umfeldanalyse an. So könnten auch Sie vorgehen. Aktivieren Sie Ihr Netzwerk. Vielleicht kennen Sie jemanden, der Ihren Gesprächspartner kennt oder sich in seinem Umfeld aufhält und Ihnen mehr Informationen geben kann.
Schreiben Sie auf, was für oder gegen eine Partnerschaft spricht. Hören Sie auf Ihren Bauch. Und wenn Sie sich noch nicht ganz sicher sind, dann verabreden Sie sich ein zweites Mal.

Haben Sie bereits nach der ersten Begegnung das Gefühl, den richtigen Partner gefunden zu haben? Dann könnten Sie vielleicht in die 30-Sekunden-Falle getappt sein.
Auch Personalmanager wissen, dass sie sich irren können. Um eine Fehlbesetzung zu vermeiden, vereinbaren sie mit dem Kandidaten eine Probezeit, in der sie die Fähigkeiten des Bewerbers testen.

5. Sicher ans Ziel

Gibt es einen Weg, der sicher zum Ziel führt? Wie lautet die Erfolgsformel und wie lässt sie sich in Ihrer persönlichen Situation umsetzen?

5.1 Die fünf sicheren Schritte zur Partnerfindung

Sicher: Es gibt unterschiedliche Wege, ein Ziel zu erreichen. Vielleicht haben Sie es schon einmal erlebt, dass sich Ihre tiefsten Wünsche und Sehnsüchte im Leben erfüllten. Überlegen Sie, wie Sie dabei vorgegangen sind. Schauen Sie sich die Geschichte erfolgreicher Menschen an, die ihre Lebensziele konsequent verfolgt und erreicht haben. Es fällt auf, dass sie dabei immer in fünf Schritten vorgegangen sind. Auch aus dem Leistungssport ist dieses Prinzip bekannt:

1. Sie haben für sich ein spezifisches, messbares und anspruchsvolles Ziel definiert, das realistisch ist und das sie in einer bestimmten Zeit erreichen wollen.
2. Sie haben für ihr Ziel eine Leidenschaft entwickelt und ein inneres Feuer entfacht, das ihnen die Energie gab, ihre Ziele zu erreichen.
3. Sie waren innerlich der Überzeugung, dass sie ihr Ziel auch erreichen würden. Und dieser Glaube half ihnen, Widerstände und Probleme zu überwinden.
4. Sie waren aktiv und haben jeden Tag an ihrer Zielerreichung gearbeitet.
5. Sie haben Enttäuschungen und Niederlagen erlebt, sind aber immer wieder aufgestanden, um andere Möglichkeiten und Wege zu finden, ihr Ziel zu erreichen.

Nach diesen fünf Schritten ist es nur eine Frage der Zeit, wann auch Sie Ihr Ziel konsequent und konstant erreichen. Gehen Sie nach dem gleichen Prinzip vor, wenn Sie einen Partner suchen.

1. Schritt: Ziele und Visionen entwickeln

- Haben Sie schon ein konkretes Bild von Ihrem idealen Partner vor Augen? Kommen dabei nicht nur Äußerlichkeiten, sondern auch innere Werte, Charaktereigenschaften und Interessen vor, die aus Ihrer Sicht für eine erfüllende Partnerschaft wünschenswert sind?
- Ist Ihre Wunschvorstellung realistisch oder suchen Sie einen Partner, den es nur in Ihren Träumen oder im Kino gibt? Welche Kompromisse können Sie eingehen? Was ist Ihnen wirklich wichtig an einer Partnerschaft?
- Bis wann möchten Sie Ihren idealen Partner gefunden haben? Ein Zeitraum von sechs bis neun Monaten kann durchaus realistisch sein, wenn Sie konsequent jeden Tag nach der Erfolgsformel 20 mal 2 vorgehen. Legen Sie einen angemessenen Endtermin fest, zu dem Sie Ihre Suche beendet haben möchten.
- Was können Sie tun, damit Sie täglich Ihr Wunschbild vor Augen haben? Wie sehen die Glücksmomente der erfüllten Partnerschaft aus? Was werden Sie sehen, hören und erleben, wenn Sie den idealen Partner gefunden haben?

Erleben Sie dieses Gefühl mit all Ihren Sinnen. Viele Mentaltrainer empfehlen, sich jeden Morgen und Abend diesen Glückszustand in einem tiefen Gefühl der Dankbarkeit und in dem Wissen vorzustellen, dass sich bald Ihre Wünsche verwirklichen werden.

2. Schritt: Leidenschaft entzünden

- Wie wichtig ist es Ihnen, möglichst bald Ihrem idealen Partner zu begegnen? Haben Sie noch viel Zeit oder brennen Sie förmlich danach, noch am gleichen Abend in den Armen Ihres Wunschpartners zu liegen?
- Wie hoch ist der Preis, den Sie zahlen würden, um Ihr Ziel zu erreichen? Wie viel Energie, Zeit und Geld opfern Sie täglich, um den Menschen zu finden, der optimal zu Ihnen passen könnte?

Je größer Ihr Verlangen und Ihre Sehnsucht sind, desto leichter können Sie die erforderliche Leidenschaft entwickeln, die Ihnen die nötige Kraft gibt, alles zu tun, was für Ihre Wunscherfüllung nötig ist.

3. Schritt: Überzeugt sein

- Glauben Sie daran, dass Sie Ihren idealen Partner in absehbarer Zeit treffen werden?
- Wie hoch schätzen Sie Ihre realistischen Chancen ein, dass Sie bald mit ihm zusammen sein werden? Verwenden Sie dabei eine Skala von 1 bis 10 und nehmen Sie eine Selbsteinschätzung vor:

Wie stark ist meine Überzeugung?									
Gering					Hoch				
1	2	3	4	5	6	7	8	9	10

Sofern Ihr Punktwert höher als 6 liegt, strahlen Sie auch nach außen hin schon eine Sicherheit aus, die es Ihnen leichter macht, den idealen Partner in einer angemessenen Zeit zu finden.

Doch was ist, wenn Ihre Einschätzung unter dem Wert 5 liegt und Ihnen die notwendige Überzeugung fehlt? Wie schaffen Sie für sich eine Überzeugung, an die Sie glauben können?

Bestimmt gab es schon einmal Situationen in Ihrem Leben, in denen Sie etwas erreicht haben, das Sie vorher für unmöglich gehalten haben. Denken Sie einmal nach, wann das war. Sicher fallen Ihnen zwei oder drei Beispiele ein, bei denen Sie über sich selbst hinausgewachsen sind und außergewöhnliche Ziele erreicht haben, an die Sie zuerst nicht glauben konnten. Und wenn Sie schon einmal solche Erfahrungen gemacht haben, warum sollte es in diesem Fall anders sein?

Listen Sie einmal alle Bedenken auf. Auf wie viele Zweifel kommen Sie? Haben Sie auch wirklich an alles gedacht? Machen Sie sich eine Liste mit allen Bedenken, die Sie daran hindern, daran zu glauben, dass Sie bald Ihren idealen Partner treffen werden. Wie lautet Ihr wichtigstes Gegenargument?

Vielleicht können Sie sich auf folgendes Experiment einlassen:

Nehmen Sie sich 20 Minuten Zeit und ein Blatt Papier. Teilen Sie das Blatt in zwei Spalten. In die linke Spalte schreiben Sie Ihr wichtigstes Gegenargument, und zwar in seiner gegenteiligen Aussage. Wenn Ihre Bedenken zum Beispiel lauten dann „Ich bin nicht attraktiv" oder „Ich bin zu dick" – schreiben Sie zum Beispiel: „Ich bin attraktiv" – „Ich habe meine Idealfigur. In der danebenliegenden zweiten Spalte schreiben Sie alles auf, was Ihnen zu diesem Statement einfällt:

Gegenteilige Aussage Ihrer Zweifel	Spontaner Einfall dazu
Ich bin attraktiv	Daran glaube ich nicht
Ich bin attraktiv	Das möchte ich gerne
Ich bin attraktiv	Dazu müsste ich erst einmal abnehmen
Ich bin attraktiv	Abnehmen ist schwer
Ich bin attraktiv	Michela hat es geschafft
Ich bin attraktiv	Sie hat einfach mehr Sport gemacht
Ich bin attraktiv	Das könnte ich auch tun

Mit der Zeit werden Sie merken, dass sich Ihre Zweifel ändern und die Gedanken sich mehr in Richtung einer Lösung entwickeln werden. Schreiben Sie an dieser Liste mindestens 20 Minuten und lassen Sie sich von dem Ergebnis überraschen.

Fragen Sie sich beispielsweise auch:
- Was fehlt mir, damit ich das glauben kann?
- Was müsste ich dafür tun?
- Wann fange ich damit an?

4. Schritt: Aktionen auslösen
Was tun Sie, um günstige Gelegenheiten zu schaffen, Ihren idealen Partner zu finden?
Welche Handlungen und Aktionen lösen Sie aus, um Ihren Zielen näher zu kommen?
Durch Träumen und Wünsche allein wurden noch nie große Ziele erreicht.
- Woher soll Ihr idealer Partner wissen, dass es Sie gibt?
- Wie wollen Sie ihm die Gelegenheit geben, mit Ihnen in Kontakt zu treten?

Erst ein tägliches aktives Tun vergrößert die Chancen und Möglichkeiten, noch besser, leichter und schneller ans Ziel zu kommen.

5. Schritt: Flexibel bleiben

- Wie flexibel sind Sie bei Abweichungen von Ihren Wunschvorstellungen?
- Auf welche wünschenswerten Eigenschaften können Sie verzichten und welche Voraussetzungen müssen unbedingt gegeben sein, damit Sie eine erfüllende Partnerschaft erleben können?
- Wie gehen Sie mit Niederlagen und Enttäuschungen um?

Viele Menschen, die gelernt haben, nach Niederlagen wieder aufzustehen, fassen Rückschläge nicht als Enttäuschungen auf, sondern lediglich als eine neutrale Rückmeldung. Das, was sie momentan versucht haben, scheint im Augenblick nicht zielführend zu sein. Vielleicht sind andere Wege besser. Daraufhin versuchen sie ihre Handlungen und Strategien zu verändern, bis sie ihr Ziel erreicht haben.
Wenn Sie viele Rückschläge einstecken müssen, dann haben Sie vielleicht einfach noch nicht den richtigen Weg gefunden und der bislang eingeschlagene ist vielleicht noch nicht der richtige. Unternehmen Sie doch einfach etwas anderes.

Gehen Sie konsequent die fünf sicheren Schritte zur erfolgreichen Partnerfindung: Entwickeln Sie eine Vision, entfachen Sie Ihre Leidenschaft, glauben Sie an die Zielerreichung, lösen Sie täglich Aktionen aus und gehen Sie flexibel mit den erzielten Ergebnissen um.

5.2 Die Erfolgsformel 20 mal 2

Gibt es eine Erfolgsformel, die gewährleistet, dass Sie Ihren idealen Partner in absehbarer Zeit treffen werden? Und wenn ja, warum ist sie nur so wenigen bekannt und woran liegt es, dass diejenigen, die sie kennen, sie nicht konsequent anwenden?
Es gibt eine Methode, die besagt, dass Partnerfindung kein Zufall ist. Es ist eine mentale Technik, die ich mir von den buddhistischen Mönchen Tibets abgeschaut habe, als ich zum Geburtstag des Dalai Lamas eingeladen war. Die Methode lautet: 20 mal 2: 20 Minuten tägliche Konzentration auf das Ziel und zwei Aktionen, die – jeden Tag ausgelöst – zwangsläufig zum Ziel führen.

5.2.1 20 Minuten Konzentration

Versuchen Sie, sich in der Routine Ihres Alltags täglich 20 Minuten frei zu halten, um sich auf den Weg zu konzentrieren, den Sie einschlagen können, um Ihren idealen Partner zu finden.
Nehmen Sie dabei immer einen Notizblock zur Hand und schreiben Sie alles auf, was Sie tun können, um Ihrem Wunschpartner zu begegnen. Sammeln Sie zunächst alle Ideen, die Ihnen einfallen. Und wenn Ihnen momentan nichts einfällt, versuchen Sie sich vorzustellen, wie es ist, wenn Sie Ihren Partner gefunden haben. Behalten Sie dieses Zielbild vor Augen, laden Sie es mit positiven Gefühlen auf und verweilen Sie in diesem Traum, der bald Wirklichkeit werden kann, wenn Sie sich konsequent an die „20-mal-2-Methode“ halten.

5.2.2 2 Aktionen täglich

In der Zeit der Stille und Meditation werden Ihnen viele Ideen kommen, was zu unternehmen ist, um Ihrem idealen Partner zu begegnen. Suchen Sie sich täglich die beiden einfachsten und für Sie angenehmsten Ideen heraus und gehen Sie jeden Tag mindestens zwei Schritte, um Ihrem Wunschpartner entgegenzukommen.

Ergeben Rückmeldungen auf Ihre Aktionen, dass sie nicht zum Ziel führen, geben Sie nicht auf. In der täglichen 20-Minuten-Konzentration finden Sie viele neue Wege und Möglichkeiten, die noch darauf warten, von Ihnen entdeckt zu werden.

Obwohl Ihnen dieses Prinzip bekannt ist, möchte ich wetten, dass Sie und auch nur wenige Leser es schaffen, über einen längeren Zeitraum hinweg 20 Minuten am Tag nachzudenken und täglich zwei Aktionen auszulösen. Gute Methoden gibt es viele. Aber es gibt nur wenige Menschen, die sie konsequent umsetzen und anwenden. Und diejenigen, die es tun, sind auf Dauer erfolgreich. Daher: Versuchen Sie, konsequent zu bleiben.

Nehmen Sie sich täglich 20 Minuten Zeit, um über die Wege nachzudenken, die zu Ihrem Wunschpartner führen. Lösen Sie täglich zwei Aktionen aus, die Sie Ihrem idealen Partner näher bringen.

5.3 Ihr individuelles Erfolgskonzept

Fangen Sie schon hier und jetzt damit an, einen ersten Plan zu entwerfen, wie Sie das Gelesene für die

Partnerfindung umsetzen können.
Wenn Sie möchten, können Sie dabei nach folgender Checkliste vorgehen:

Die Erfolgsformel 20 mal 2

- Welche festen Zeiten können Sie sich in Ihrem Terminkalender täglich reservieren, um sich ungestört 20 Minuten mit den Fragen der Partnerfindung zu beschäftigen?
- Wie schaffen Sie es, dass Sie täglich zwei Aktionen auslösen, die Ihnen Gelegenheiten eröffnen, Ihrem Wunschpartner zu begegnen?
- Was kann Ihnen helfen, mindestens 21 Tage lang die Methode „20 mal 2“ anzuwenden, bis sie zu Ihrer täglichen Gewohnheit geworden ist?

Mentale Fitness

- Wie stellen Sie sich Ihren idealen Partner vor? Welche Kompromisse können Sie eingehen? Wie sieht Ihr mentales Zielbild aus?
- Mit welchen positiven Gefühlen können Sie dieses Wunschbild aufladen?
- Welche mentalen Übungen helfen Ihnen, sich innerlich auf Ihren idealen Partner einzustimmen?

Unterstützendes Umfeld

- Wer kann Ihnen bei der Partnerfindung helfen?
- Mit welchen Menschen können Sie sich während dieser Zeit umgeben? Menschen, die Ihnen guttun und die Ihnen Mut geben?
- Welche Orte können Sie regelmäßig aufsuchen, um Kraft zu finden und um Hoffnung zu schöpfen?

Literaturhinweise

- Argov, Sherry: Warum die nettesten Männer die schrecklichsten Frauen haben ..., Goldmann, 2004
- Behrendt, Greg: „Er steht einfach nicht auf dich!“, Blanvalet, 2006
- Dean C. Delis: Ich lieb’ dich nicht, wenn Du mich liebst, Ullstein, 2003
- Doyle, Laura: Gib nach und er ist dein, Goldmann, 2003
- Elffers, Joost: Die 24 Gesetze der Verführung, Dtv, 2004
- Gray, John: Männer sind anders. Frauen auch. Männer sind vom Mars. Frauen von der Venus, Goldmann, 1998
- Jellouschek, Hans: Wie Partnerschaft gelingt – Spielregeln der Liebe, Herder, 2005
- Küstenmacher, Tiki: Simplify your love. Gemeinsam einfacher und glücklicher leben, Campus, 2006
- Storch, Maja: Wenn starke Frauen sich verlieben, Goldmann, 2003
- Wetzler, Scott: Warum Männer mauern, Goldmann, 2003

Register

Zu diesem Themenkreis sind bereits erschienen:

Hans-Jürgen Kratz
30 Minuten für richtiges Feedback

ISBN 3-89749-514-7

Moritz Boerner
30 Minuten für die Auflösung von Ärger und Frustration

ISBN 3-89749-513-9

Reinhard Philippi
30 Minuten für die persönliche Inszenierung

ISBN 3-89749-515-5

Peter Heigl
30 Minuten für faires Streiten und gute Konflikt-Kultur

ISBN 3-89749-295-4

Peter Heigl
30 Minuten für Philosophie Teil 1 Geschichte und Strömungen

ISBN 3-89749-446-9

Peter Heigl
30 Minuten für Philosophie Teil 2 Philosophen und ihre Lehren

ISBN 3-89749-478-7

GABAL Verlag GmbH
Postfach 200 252, 63077 Offenbach
Tel.: 0 69/83 00 66-0; Fax: 0 69/83 00 66-66
www.gabal-verlag.de
E-Mail: info@gabal-verlag.de